JN441165

2026

– 성희롱 · 성매매 · 성폭력 · 가정폭력 예방 및 방지를 위한 –

폭력 예방교육 운영안내

성평등가족부

sexual harassment

prostitution

차 례 Contents

2026년 운영 지침 주요 변경사항

2026년 운영 지침 주요 변경사항

가. 주요 변경사항

항목	구 분	변경 前(2025년)	변경 後(2026년)
폭력 예방교육 운영안내	실적 점검 기준표	폭력 예방교육 연간 기본계획 기본계획 수립(10) 기본계획 미수립 (0)	폭력 예방교육 기본계획 및 결과보고서 표준 서식 이용하여 작성(10) 작성 (5) 미수립(0)
	대학생 참여율 기준	대학생 참여율 50% 미만(부진기관)	대학생 참여율 50% 미만(부진기관) * '27년부터 55% 미만으로 기준 변경
	일반용 배점표 가점 사항	- 신종 범죄 등 폭력예방교육 추가교육 실시(가점 5점)	- 예방교육모니터링 실시(가점 3점) * 교육 효과성 등 강의 평가 - 신종 범죄 등 폭력예방교육 추가교육 실시(가점 2점)
	학생용 배점표 가점 사항	- (초중고) 학교자치기구를 통한 예방교육모니터링 실시 - (대학교) 학생 폭력예방교육 참여율 60% 이상	- 예방교육모니터링 실시 * 교육 효과성 등 강의 평가
	학생용 배점표 가점 사항	- 기관 내 폭력 예방교육 이수 의무화 제도 마련 - 대학생 교육 참여율 제고를 위한 특수시책 마련 운영 포함	- 기관 내 폭력 예방교육 이수 의무화 제도 마련 - (대학) 대학생 교육 참여율 제고를 위한 특수시책 마련 혹은 한국양성평등교육진흥원 주관 대학 맞춤형 대면 컨설팅 참여 포함
	전문강사에 의한 교육 (p30)	- 변호사 자격을 취득하고 한국양성평등교육진흥원에서 실시하는 강사 역량강화 과정을 수강한 자 - 대학 내 양성평등을 주된 목적으로 운영 중인 교육과목의 교원, 대학 인권센터장 등 대학 내 양성평등을 위한 기관의 장 및 전문상담원에 의한 예방교육 * 단, 인권센터장의 경우 한국양성평등교육진흥원에서 실시하는 강사 역량강화 과정을 수강한 경우 등 인정	- 변호사 또는 대학인권센터장으로서 '24, '25년도 한국양성평등교육진흥원에서 실시하는 강사 역량강화 과정을 수강한 자

항목	구 분	변경 前(2025년)	변경 後(2026년)
폭력 예방교육 운영안내	후속조치 (p.38)	(신설)	□ 부진기관 관리 양성평등기본법 등 관련 법령에 따라 폭력예방교육 점검결과를 각종 기관 평가 반영에 요청 ※ 관련법령 : 양성평등기본법 제31조⑥, 성폭력방지법 제5조⑨, 성매매피해자보호법 제5조⑦, 가정폭력방지법 제4조의3⑦
	서식변경 (p.58~62)	- 폭력예방교육 계획서 및 결과보고서(서식) - 통합교육 계획서(서식)	(변경)
	강사 행동준칙 (p.95~96)	(신설)	1) (폭력예방교육 중심) 폭력예방교육의 취지를 깊이 인식하고, 이에 부합하는 교육 수행 2) (인권·다양성 존중) 인권과 다양성을 존중하며, 차별적이고 혐오적인 발언을 철저히 배제 3) (객관성과 중립성) 교육 내용과 방법에 객관성 및 중립성과 함께 편향성을 엄격히 배제 4) (전문성 강화) 전문성을 바탕으로 정확한 정보를 제공하고 지속적으로 자기 역량 개발 5) (교육생 존중) 피교육생의 신뢰를 우선으로 모든 질문과 의견에 대해 존중하는 태도로 응대 6) (일반적 행동준칙) 관련 법령을 준수하며 부적절한 언행이나 표현 등에 유의하여 교육
성희롱 방지 조치 등 운영안내	신규 고충상담원 교육 이수 관련 (p.105)	ㅇ 신규지정시 3개월(불가피한 경우 6개월) 이내 고충상담원 교육이수	ㅇ 신규지정시 3개월(불가피한 경우 6개월) 이내 고충상담원 교육이수 - 단, 현재 소속한 기관에서 신규 고충상담원으로 지정되었으나, 이전 소속기관에서 고충상담원으로 근무하면서 고충상담원 교육을 이수한 후 3년이 경과되지 않은 자는 예외로 함(기간 내 이수했음을 증명할 수 있다면 이전 소속기관에서의 교육 이수도 인정)

항목	구 분	변경 前(2025년)	변경 後(2026년)
성희롱·성폭력 예방지침 표준안	성희롱·성폭력 예방지침 표준안 (p.124) ('25년 법률 개정사항 반영하여 일부 문구 수정)	【표준안】 **제13조(피해자 보호 및 비밀유지)** ① ○○○기관의 장(인사·복무 등에 관한 권한을 ○○○기관의 장으로부터 위임받은 자를 포함한다. 이하 이 조에서 같다)은 조사기간 동안 피해자를 보호하기 위하여 필요한 경우 피해자의 의사를 고려하여 행위자와의 업무·공간 분리, 휴가 등 적절한 조치를 하여야 한다. ② (생략) 1.~4. (생략) 5. 직업능력 개발 및 향상을 위한 교육훈련 기회의 제한, 예산 또는 인력 등 가용자원의 제한 또는 제거, 보안정보 또는 비밀정보 사용의 정지 또는 취급자격의 취소 6.~8. (생략) ③ (생략) ④ 기관장, 고충상담원 등 성희롱·성폭력 고충과 관계된 사안을 직무상 알게 된 자는 사안의 조사 및 처리를 위해 필요한 경우를 제외하고는 동 사안 관계자의 신원은 물론 그 내용 등에 대하여 이를 다른 사람에게 누설하여서는 아니 된다.	【표준안】 **제13조(피해자 보호 및 비밀유지)** ①---사건처리기간 동안 --------- --------해당 당사자에 대하여 근무장소의 변경, 전보, -------. 이 경우 피해자의 명시적 의사에 반하는 조치를 하여서는 아니 된다. ② (현행과 같음) 1.~4. (현행과 같음) 5. ---, 그 밖에 근무조건 등에 부정적 영향을 미치는 차별 또는 조치 6.~8. (현행과 같음) ③ (현행과 같음) ④ --------------------- ------- --------- 알게 되거나 사건처리 과정에 참여한 사람은--------- ------------ 등을 위해 ---------- 그 내용 등에 대하여 피해자의 의사에 반하여 ------------.
	사건관리시스템 가입 안내 (p.159)	-	사건관리시스템 가입 관련 세부 안내 보완

나. 부진기관 기준

※ (공통) 개별 교육을 미실시하거나 허위 제출한 경우

구 분		변경 前(2025년)	변경 後(2026년)
폭력 예방교육 운영안내	국가기관, 지방자치단체, 공직유관단체	① 점검기준표 합계 70점 미만 ② 종사자 참여율 80% 미만 ③ 기관장 교육미이수 ④ 고위직 참여율 80% 미만 ⑤ 고위직 대상 맞춤형 별도 교육 미실시	(좌동)
	각급학교 (초·중·고)	① 점검기준표 합계 70점 미만 ② 종사자 참여율 80% 미만 ③ 기관장 교육 미이수 ④ 고위직 참여율 80% 미만 ⑤ 고위직 대상 맞춤형 별도 교육 미실시	(좌동)
	대학	① 점검기준표 합계 70점 미만 ② 종사자 참여율 75% 미만 ③ 기관장 교육 미이수 ④ 고위직 참여율 75% 미만 ⑤ 학생 참여율 50% 미만 (단, 전년 대비 학생참여율이 5%p 이상 상승한 기관은 부진기관에서 제외) ⑥ 고위직 대상 맞춤형 별도 교육 미실시	① 점검기준표 합계 70점 미만 ② 종사자 참여율 75% 미만 ③ 기관장 교육 미이수 ④ 고위직 참여율 75% 미만 ⑤ 학생 참여율 50% 미만 * '27년부터 55%미만으로 기준 변경 (단, 전년 대비 학생참여율이 5%p 이상 상승한 기관은 부진기관에서 제외) ⑥ 고위직 대상 맞춤형 별도 교육 미실시*
	유치원, 어린이집	① 점검기준표 합계 70점 미만 ② 원장 교육 미이수	(좌동)
성희롱 방지 조치 등 운영안내	국가기관, 지방자치단체, 공직유관단체 각급 학교 (유치원, 어린이집 제외)	성희롱 방지조치 의무이행사항 중 하나라도 이행하지 않으면 부진기관으로 분류 ① 고충상담원 지정 및 교육이수 (1인 이상 교육 이수, 신규 지정시 3개월 이내(불가피한 경우 6개월) 교육이수) ② 고충상담창구 설치 (다만, 상시근로자 30인 미만 기관은 독립적인 고충상담창구 미설치로 인한 부진기관 지정에서 제외) ③ 성희롱·성폭력 예방지침 제(개)정	(좌동)

* 단, 종사자 100인 미만인 '공직유관단체와 대학교'는 '26년 고위직 별도 교육 의무 대상기관에서 제외

다. 공표

○ 인터넷 홈페이지 또는 일반일간신문 등에 게재하여 공표

구 분	개정 前(2025년)	개정 後(2026년)
폭력예방교육 점검결과	각 기관별 폭력예방교육 점검결과	(좌동)
부진기관 명단	당해 연도 부진기관 전체	(좌동)
'국가기관 및 지방자치단체의 장'이 '성희롱 예방교육'에 미참여시 그 명단	'국가기관 및 지방자치단체의 장'이 '성희롱 예방교육'에 미참여시 명단 공표 * 「양성평등기본법」 개정, '21.10.21. 시행	(좌동)
재발방지대책 수립 여부의 공표	성희롱 사건 발생 시, 재발방지대책 수립 여부를 공표	(좌동)

폭력 예방교육 운영안내

제1장 개 요

1 목 적

○ 국가기관, 지방자치단체, 공직유관단체, 각급 학교 등에서 성희롱 방지조치, 성매매 예방교육, 성폭력 예방교육, 가정폭력 예방교육의 효과적 추진을 위해 필요한 사항과 기관별 추진실적 점검을 위한 세부지침 마련

○ 교육 목표
- 예방교육을 통해 성평등한 인식 제고 및 안전한 사회문화 조성

2 연 혁

○ 1999년 「남녀차별금지및구제에관한법률」 제정
- 성희롱 예방을 위한 사업 추진

○ 2003년 「남녀차별금지및구제에관한법률」 개정
- 성희롱 방지조치 의무대상기관 범위 확대 및 실적제출 의무화

○ 2004년 「성매매방지 및 피해자보호 등에 관한 법률」 제정
- 초·중·고교의 성매매 예방교육 의무화

○ 2005년 「남녀차별금지및구제에관한법률」 폐지, 「여성발전기본법」 제정
- 성희롱 방지조치 근거조항이 여성발전기본법으로 변경

○ 2008년 「여성발전기본법」 및 동법 시행령 개정
- 성희롱 방지 부진기관에 대하여 필요한 조치 및 공공기관의 성희롱 방지조치 의무 강화

○ 2008년 「성매매방지 및 피해자보호 등에 관한 법률」 확대
- 성매매 예방교육 의무대상기관을 초·중·고교에서 국가, 지자체, 공공단체까지 확대

○ 2010년 「성폭력방지 및 피해자보호 등에 관한 법률」 제·개정(시행 '11.1.1.)
 - 유치원, 어린이집, 초·중·고의 성교육 및 성폭력 예방교육 의무화

○ 2012년 「성폭력방지 및 피해자보호 등에 관한 법률」 개정(시행 '13.6.19.)
 - 국가기관, 지자체, 공공기관까지 성교육 및 성폭력 예방교육 의무화, 실적 제출 의무화

○ 2013년 「가정폭력방지 및 피해자보호 등에 관한 법률」 개정(시행 '14.1.31.)
 - 가정폭력 예방교육 초·중·고교에서 국가기관, 지방자치단체, 공공기관까지 확대

○ 2013년 「여성발전기본법」 개정(시행 '14.2.14.)
 - 성희롱 예방교육과 성폭력, 가정폭력, 성매매 예방교육을 성평등 관점에서 통합 실시

 * 같은 내용으로 「성폭력방지 및 피해자보호 등에 관한 법률」, 「가정폭력방지 및 피해자보호 등에 관한 법률」 개정(시행 '14.7.22), 「성매매방지 및 피해자보호 등에 관한 법률」 개정(시행 '14.9.28.)

○ 2013년 「여성발전기본법」 개정(시행 '14.7.1.)
 - 관련자 징계 등 요구(국가기관등에서 성희롱 사건을 은폐한 사실, 성희롱에 관한 국가기관 등의 고충처리 또는 구제과정 등에서 피해자의 학습권·근로권 등에 대한 추가적 피해가 발생한 사실)
 - 평가 반영요구(「정부업무평가 기본법」 제14조제1항 및 제18조제1항에 따른 중앙행정기관 및 지방자치단체의 자체평가, 「공공기관의 운영에 관한 법률」 제48조제1항에 따른 공기업·준정부기관의 경영실적 평가, 「지방공기업법」 제78조제1항에 따른 지방공기업의 경영평가, 「초·중등교육법」 제9조제2항에 따른 학교 평가)

○ 2014년 1월 「성폭력방지 및 피해자보호 등에 관한 법률」, 「가정폭력방지 및 피해자보호 등에 관한 법률 시행령」 개정(시행 '14.7.22.)
 - 성희롱(여성발전기본법)과 같게, 점검, 언론 등 공표, 관리자 특별교육, 관련자 징계 등 요구, 평가 반영요구

 * 같은 내용으로 성매매방지 및 피해자보호 등에 관한 법률 시행령 개정(시행 '14.9.28.)

○ 2015년 「여성발전기본법」('14.5.28. 공포)에서 「양성평등기본법」으로 변경 (시행 '15.7.1.)

* 양성평등기본법 제31조 및 동법 시행령 제19조, 제20조

○ 2015년 2월 「성폭력 방지 및 피해자보호 등에 관한 법률」 개정(시행 '15.2.3.)

- 민간 사업장, 직장 내 성폭력 예방교육 실시 등 노력 의무 신설

○ 2015년 6월 「양성평등기본법」 개정(시행 '15.12.23.)

- 기관평가 반영 요구 대상(「고등교육법」 제11조의2제1항에 따른 학교 평가) 확대

○ 2015년 12월 「성폭력 방지 및 피해자보호 등에 관한 법률」 개정(시행 '16.6.2.)

- 성평등가족부, 생애주기별 교육프로그램 외 장애인 등 대상별 특성을 고려한 교육프로그램 개발·보급 의무 추가

○ 2016년 5월 「성폭력 방지 및 피해자보호 등에 관한 법률」 제5조 개정 (시행 '16.11.30.)

- 공공기관 등의 성폭력 예방조치 의무화, 중앙행정기관 및 광역지치단체의 성폭력 예방계획 수립 의무화

○ 2018년 12월 「양성평등기본법」 제31조 개정(시행 '19.6.19.)

- 국가기관 등의 장과 사용자가 성희롱 방지를 위하여 취해야 할 조치 구체화 및 국가기관 등의 장이 조치 결과를 성평등가족부장관 뿐만 아니라 해당 주무부처의 장에게도 제출하도록 보고대상 확대
- 성희롱 방지조치가 부실하다고 인정되는 국가기관의 장으로 하여금 성희롱 방지조치 개선계획을 성평등가족부장관에게 제출하도록 하고 부실하다고 인정되는 국가기관 등의 기준을 대통령령에 위임

○ 2021년 「성폭력방지 및 피해자보호 등에 관한 법률」 개정('21.1.12 개정, 7.13일 시행)

- 국가기관등의 장은 제1항에 따라 실시하는 성교육 및 성폭력 예방교육의 참여에 관한 사항을 소속 직원 및 종사자에 대한 승진, 전보, 교육훈련 등의 인사관리에 반영할 수 있음

  - 시행령에 규정된 '대학'을 법률에 명시 및 점검결과 평가 반영 요구 대상(「고등교육법」 제11조의2제1항에 따른 학교 평가 및 같은 조 제2항에 따른 학교 평가·인증) 확대

○ 2021년 「양성평등기본법」 개정('21.4.20 개정, 10.21. 시행)
  - 성희롱 예방교육 대상에 해당 국가기관 등의 장과 사용자를 명시
  - 국가기관 및 지방지치단체의 장이 '성희롱 예방교육'에 미참여한 경우 그 명단을 포함하여 국가기관등의 성희롱 방지조치 점검결과의 언론 등에 공표 사항* 법제화

* ①연간 성희롱 예방교육 실시 계획 수립 여부, ②해당 국가기관등에 소속된 사람의 교육참여율 및 기관장의 참여여부(국가기관 및 지방자치단체의 장이 미참여한 경우 그 명단을 포함한다), ③성희롱 예방교육 실시방법, ④성희롱 예방지침 및 성희롱 사건 발생 시 재발방지대책의 수립 여부, ⑤그 밖에 대통령령으로 정하는 사항

3 성희롱·성매매·성폭력·가정폭력 예방교육 법적 근거 등 비교

구 분		성희롱 예방교육	성매매 예방교육	성폭력 예방교육	가정폭력 예방교육
교육 실시 주체		- 국가기관등[1]의 장	- 국가기관, 지방자치단체 및 초·중·고등학교의 장 - 그 밖에 대통령령으로 정하는 공공단체[2]의 장	- 국가기관 및 지방자치단체의 장, -「초·중등교육법」 제2조에 따른 각급 학교의 장, 「고등교육법」 제2조에 따른 학교의 장 -「유아교육법」 제7조에 따른 유치원의 장, 「영유아보육법」 제10조에 따른 어린이집의 원장 - 그 밖에 대통령령으로 정하는 공공단체[3]의 장	- 국가기관, 지방자치단체 및 「초·중등교육법」에 따른 각급 학교의 장 - 그 밖에 대통령령으로 정하는 공공단체의 장[4]
두입	시기	1999년 ※ 근거법 : 구, 남녀 차별금지및구제에 관한법률	2004년	2010년	2006년
	대상 기관	국가, 지방자치단체, 정부투자기관, 특수 법인	초·중·고교	초·중·고교	초·중·고교
확대	시기	2003년 ※ 근거법 : 구, 남녀 차별금지및구제에 관한법률	2008년	2011년, 2012년 ('13.6월 시행)	2014년
	대상 기관	공공단체[5] 확대	국가기관, 지방자치단체, 공공단체 확대	- 2011년 : 보육시설, 유치원 확대 - 2012년 : 국가기관, 지방자치단체, 공공단체 확대 ('13.6월 시행)	국가기관, 지방자치 단체, 공공단체로 확대
변경	시기			2021년('21.7월 시행)	
	대상 기관			시행령에 규정된 '대학'이 법률에 명시	
현행 근거법		「양성평등기본법」 제31조 (성희롱 예방 교육 등 방지조치)	「성매매방지 및 피해자보호 등에 관한 법률」 제5조(성매매 예방교육)	「성폭력방지 및 피해자보호 등에 관한 법률」 제5조(성폭력 예방교육 등)	「가정폭력방지 및 피해자보호 등에 관한 법률」 제4조의3 (가정폭력 예방교육의 실시)

구 분		성희롱 예방교육	성매매 예방교육	성폭력 예방교육	가정폭력 예방교육
교육대상	필수	- 국가기관 등에 소속된 사람(해당 국가기관 등의 장 포함) ※ 법률 및 시행령에 명문화	- 해당기관 또는 단체에 소속된 사람 - 중·고등학생 ※ 시행령에 명문화	- 해당기관 또는 단체에 소속된 사람 - 초·중·고·대학생 ※ 시행령에 명문화	- 해당기관 또는 단체에 소속된 사람 - 초·중·고·대학생 ※ 시행령에 명문화
		기관장	기관장	기관장	기관장
		고위직	고위직	고위직	고위직
		비정규직	비정규직	비정규직	비정규직
			학생	학생, 보육아동, 원생	학생
	선택		학부모	학부모	학부모
교육횟수		연 1회, 1시간 이상 ※ 시행령에 명문화	연 1회, 1시간 이상 ※ 시행령에 명문화	연 1회, 1시간 이상 ※ 시행령에 명문화	연 1회, 1시간 이상 ※ 시행령에 명문화
교육목적		- 성에 대한 건전한 가치관 함양과 성희롱 예방 - 타인을 배려하는 직장문화 조성	- 성에 대한 건전한 가치관 함양과 성매매 예방 - 성에 대한 올바른 인식강화를 통해 성매매 근절문화 조성	- 성에 대한 건전한 가치관 함양과 성폭력 예방	가정내 학대를 방지하고, 가정폭력에 대한 우리사회 인식개선
교육실적 보고		성희롱 방지조치의 실시 결과를 다음연도 2월말까지 성평등가족부장관에게 제출	성매매 예방교육의 실시 결과를 다음연도 2월말까지 성평등가족부장관에게 제출	성폭력 예방교육의 실시 결과를 다음연도 2월말까지 성평등가족부장관에게 제출	가정폭력 예방교육의 실시 결과를 다음연도 2월말까지 성평등가족부장관에게 제출

1) 국가기관, 지방자치단체, 대통령령으로 정하는 공공단체(「초·중등교육법」, 「고등교육법」 및 그 밖의 다른 법률에 따라 설치된 각급 학교, 「공직자윤리법 시행령」 제3조의2제2항에 따라 인사혁신처장이 관보에 고시한 공직유관단체)

2) • 「초·중등교육법」 제2조에 따른 고등공민학교, 고등기술학교, 특수학교, 각종학교
• 「고등교육법」 제2조에 따른 학교
• 다른 법령에 따라 설치된 각종 학교 또는 대학
• 「공직자윤리법 시행령」 제3조의2제2항에 따라 인사혁신처장이 관보에 고시한 공직유관단체

3) • 「초·중등교육법」 및 「고등교육법」 외의 다른 법령에 따라 설립·운영되는 학교
• 「공직자윤리법 시행령」 제3조의2제2항에 따라 인사혁신처장이 관보에 공직유관단체로 고시한 기관·단체

4) • 「고등교육법」 제2조 각 호의 학교 및 그 밖에 다른 법령에 따라 설립·운영되는 학교
• 「공직자윤리법 시행령」 제3조의2제2항에 따라 인사혁신처장이 관보에 공직유관단체로 고시한 기관·단체

5) • 초·중등교육법 및 고등교육법 그 밖의 다른 법률에 의하여 설치된 각급학교
「공직자윤리법 시행령」 제3조의2제2항에 따라 인사혁신처장이 관보에 고시한 공직유관단체

4 폭력 예방교육 의무대상기관

□ 국가기관

□ 지방자치단체

□ 각급 학교

○ 「초·중등교육법」 제2조 및 「고등교육법」 제2조와 “그 밖의 다른 법률에 의하여 설치된 각급 학교”를 말하며, 초등학교, 중학교, 고등학교, 대학교 포함

구 분	기관 종류	비고
「초·중등교육법」에 의해 설치된 학교	▸ 초등학교, 중등학교, 고등학교 ▸ 고등공민학교, 고등기술학교, 특수학교 ▸ 각종학교(외국인학교, 대안학교)	
「고등교육법」에 의해 설치된 학교	▸ 대학, 산업대학, 교육대학, 전문대학 ▸ 방송통신대학 등 원격대학, 기술대학 ▸ 각종학교	
다른 법률에 의해 설치된 학교	▸ 한국예술종합학교, 한국전통문화대학교, 한국농수산대학, 경찰대학, 간호사관학교, 공군사관학교, 육군사관학교, 육군제3사관학교, 해군사관학교, 한국폴리텍학교 등	

□ 공직유관단체

○ 「공직자윤리법 시행령」 제3조의2에 따라 인사혁신처장이 관보에 고시

□ 유치원·어린이집(성폭력 예방교육만 해당됨)

○ 「유아교육법」 제7조에 따른 유치원 및 「영유아보육법」 제10조의 어린이집

구분	기관 종류	비고
「유아교육법」에 의해 설치된 유치원	▸ 국립유치원, 공립유치원, 사립유치원	성폭력예방 교육만 해당
「영유아보육법」에 의해 설치된 어린이집	▸ 국공립어린이집, 사회복지법인어린이집, 법인·단체등어린이집, 직장어린이집, 가정어린이집, 협동어린이집, 민간어린이집	

제2장 예방교육 실시 및 이행사항

1 예방교육 실시

○ (교육시간 및 분야) 각 기관장의 책임하에 성희롱방지조치·성매매·성폭력·가정폭력 예방교육을 각각 연 1회 1시간* 이상 실시하여야 하며 성평등 관점에서 통합하여 실시할 수 있음

* 단, 초·중·고등학생은 교육 1차시를 1시간으로 인정

– 통합교육 내용은 성희롱·성매매·성폭력·가정폭력 예방교육을 균형 있게 실시하되, 교제 폭력, 스토킹 범죄, 디지털 성범죄, 2차 피해 예방교육도 포함하여 실시

– 통합교육 시간은 연간 이수해야 하는 교육시간과 동일(공공기관 종사자 연 4시간 이상, 초등·대학생 연 2시간 이상, 중·고생 연 3시간 이상 등)

○ (교육대상) 기관에 소속된 사람

– 기관장을 포함한 전직원*, 외부에서 파견 온 상주인원, 용역직원

* 고위직, 신규자, 비정규직 등 모두 포함

○ (교육기간) 2026. 1. 1. ~ 12. 31.

○ (교육방법) 한국양성평등교육진흥원에서 등록·위촉한 전문강사, 일반강사, 사이버교육, 시청각교육, 내부직원 강의 등 다양한 방법을 기관 특성에 맞게 실시, 효과적인 교육을 위해 소규모 집합교육 권장

○ (실적제출) 2027년 2월말까지 「예방교육통합관리시스템(https://shp.mogef.go.kr)」을 통해 제출

○ (공개) 일반국민 누구나 「예방교육통합관리시스템」을 통해 기관별 예방교육 추진사항을 조회할 수 있음

- (공개항목) (교육 유형별) 예방교육 연간 기본계획 수립 여부, 기관장 교육 참여 여부, 고위직 참여율, 종사자 참여율, 신규자 및 비정규직 교육 참여율, 교육방법 및 국가기관 및 지방자치단체의 장이 '성희롱 예방교육'에 미참여한 경우 그 명단 등
- (공개시기) 2026년 폭력예방교육 실적점검 결과보고(차관회의), 언론공표와 동시에 진행(10월경)

○ (연간 추진일정(안))

구분	실적 제출기한	실적 수정·보완	실적 점검 및 부진기관 통보	부진기관 관리자 특별교육 실시	점검결과 공표	우수기관 시상
공공기관	~2월	~3월	3~8월		10월	11월

○ 국가기관, 지자체, 학교, 공직유관단체 등 폭력예방교육 의무기관을 대상으로 실적에 대한 현장점검과 점검결과에 기반한 향후 폭력예방교육의 보완·개선 방안 컨설팅 실시(폭력예방교육 분야 외부 전문가가 대상기관을 직접 방문)

2 예방교육 실적점검 기준표

□ **기관 유형별 적용 대상 폭력 예방교육 실적 점검 기준표**

○ 특히, 학교의 경우, 폭력 예방교육 분야별 교육대상이 상이한 바(학생포함 여부), 아래 표를 참고하여 각 교육 분야에 맞는 실적 점검 기준표 적용

○ 유치원·어린이집은 성폭력 예방교육만 의무적으로 실시해야 하는 기관으로, 〈실적 점검 기준표(C)-유치원, 어린이집용〉을 적용

기관 유형		성희롱 예방교육	성폭력 예방교육	가정폭력 예방교육	성매매 예방교육
국가기관 지방자치단체 공직유관단체		①실적 점검 기준표(A) -일반용	①실적 점검 기준표(A) -일반용	①실적 점검 기준표(A) -일반용	①실적 점검 기준표(A) -일반용
학교	초등학교	①실적 점검 기준표(A) -일반용	②실적 점검 기준표(B) -학생 포함용	②실적 점검 기준표(B) -학생 포함용	①실적 점검 기준표(A) -일반용
	중·고등학교	①실적 점검 기준표(A) -일반용	②실적 점검 기준표(B) -학생 포함용	②실적 점검 기준표(B) -학생 포함용	②실적 점검 기준표(B) -학생 포함용
	대학교	①실적 점검 기준표(A) -일반용	②실적 점검 기준표(B) -학생 포함용	②실적 점검 기준표(B) -학생 포함용	①실적 점검 기준표(A) -일반용
유치원·어린이집		(해당없음)	③실적 점검 기준표(C) -유치원·어린이집용	(해당없음)	(해당없음)

〈 성희롱 방지 조치 관련 참고사항 〉

○ 성희롱 예방교육 의무 기관은 〈실적 점검 기준표(A-1) - 성희롱 방지조치〉에 따라 추가로 해당 실적 점검 (p.102 참조)

* 국가기관, 지자체, 공직유관단체, 각급 학교는 성희롱 방지조치와 통합할 수 있음

○ 유치원·어린이집은 성폭력 예방교육을 포함한 성폭력 예방조치를 이행해야 하는 기관으로, 〈실적 점검 기준표 (A-2)-성폭력 예방조치〉를 적용(p.103 참조)

□ 2026년 폭력 예방교육 실적 점검 기준표

○ 실적 점검 기준표(A) - 일반용

유형	평가항목		2026년 배점	2026년 세부내용	
계획 수립 (10)	폭력 예방교육 기본계획(10) 및 결과보고서 (성희롱 방지조치 계획도 포함)		10	표준 서식 이용하여 수립	(10)
				수립	(5)
				미수립	(0)
교육 실시 (90)	교육참여 (70)	기관장	10	이수	(10)
				미이수 * 부진기관	(0)
		고위직	25	90% 이상	(25)
				70~90% 미만 * 80%미만 부진기관	(15)
				50~70% 미만 * 부진기관	(5)
				50% 미만 * 부진기관	(0)
		종사자 (기관장, 고위직, 신규자, 비정규직 모두 포함)	30	90% 이상	(30)
				80~90% 미만	(25)
				70~80% 미만 * 부진기관	(20)
				50~70% 미만 * 부진기관	(10)
				50% 미만 * 부진기관	(0)
		신규자 및 비정규직	5 (신규자 3 + 비정규직 2)	70% 이상 (신규자 3, 비정규직 2) * (신규자, 비정규직이 없는 경우 5점)	
				70% 미만	(0)
	교육방법(20)		20	전문강사 교육	(20)
				일반강사**	(15)
				내부직원 교육	(10)
				사이버 및 시청각교육 등 기타	(5)
가점 (20)	기관 내 사례 토론, 세미나 등 교육		8	발표자료 또는 상세 결과보고서 제출	(8)
	추천 콘텐츠 사용 또는 자체교육자료 제작		2	사용	(2)
	기관 내 폭력 예방교육 이수 의무화 제도 마련		5	의무화 제도 증빙자료 제출	(5)
	예방교육 모니터링 실시		3	효과성 평가 등 모니터링 증빙자료 제출	(3)
	신종 범죄 등 폭력예방교육 별도의 추가 교육 실시		2	교육결과보고서 제출	(2)
합계	합계		100점 (가점 시 120점)		

■ 부진기관 기준

- 합계 70점 미만, 종사자 참여율 80% 미만(대학교는 75% 미만), 기관장 교육 미이수, 고위직 참여율 80% 미만 (대학교는 75% 미만)
- **'26년 기관장 포함 고위직 별도 교육 대상기관(p.34 참조)이 고위직 별도 교육을 미실시한 경우**

** 금융상품 판촉 영업 등과 연계한 무료교육 실시기관은 해당교육을 불인정하고 부진기관으로 지정

*** 국가기관 및 지방자치단체의 장이 '성희롱 예방교육'에 미참여한 경우, 그 명단 공표(「양성평등기본법」 제31조)

○ 실적 점검 기준표(B) - 학생 포함용

유형	평가항목		2026년 배점	2026년 세부내용
계획수립(10)	폭력 예방교육 기본계획 및 결과보고서(10)		10	표준 서식 이용하여 수립 (10)
				수립 (5)
				미수립 (0)
교육실시(90)	교육참여(70)	기관장	10	이수 (10)
				미이수 * 부진기관 (0)
		고위직	15	90% 이상 (15)
				70~90% 미만 * 80% 미만 부진기관 (10)
				50~70% 미만 * 부진기관 (5)
				50% 미만 * 부진기관 (0)
		종사자 (기관장, 고위직, 신규자, 비정규직 모두 포함)	20	90% 이상 (20)
				80~90% 미만 (15)
				80% 미만 * 부진기관 (10)
				50~70% 미만 * 부진기관 (5)
				50% 미만 * 부진기관 (2)
		학생	20	90% 이상 (20)
				80~90% 미만 (15)
				70~80% 미만 (10)
				50~70% 미만 (5)
				50% 미만(대학만 해당) * 부진기관 (2)
				0%(대학만 해당) * 부진기관 (0)
		신규자 및 비정규직	5 (신규자 3+ 비정규직 2)	70% 이상 (신규자 3, 비정규직 2) * (신규자, 비정규직이 없는 경우 5점)
				70% 미만 (0)
	교육방법(20)		20	전문강사 교육 (20)
				일반강사** 교육 (15)
				내부직원 교육 (10)
				사이버 및 시청각 교육 등 기타 (5)
가점(20)	기관 내 사례 토론, 세미나 등 교육		8	발표자료 또는 상세 결과보고서 제출 (8)
	추천 콘텐츠 사용 또는 자체교육자료 제작		2	사용 (2)
	기관 내 폭력 예방교육 이수 의무화 제도 마련 - (대학)대학생 교육 참여율 제고를 위한 특수시책 마련 혹은 한국양성평등교육진흥원 주관 대학 맞춤형 대면 컨설팅 참여 포함		5	의무화 제도 증빙자료 (5)
	예방교육모니터링 실시		3	효과성 평가 등 모니터링 증빙자료 제출 (3)
	신종 범죄 등 폭력예방교육 별도의 추가 교육 실시		2	교육결과보고서 제출 (2)
합계	합계		100점 (가점 시 120점)	

■ 부진기관 기준

- (각급학교(초·중·고)) : 합계 70점 미만, 기관장 교육 미이수, 종사자 참여율 80% 미만, 고위직 참여율 80% 미만
- (대학교) : 합계 70점 미만, 기관장 교육 미이수, 종사자 참여율 75% 미만, 고위직 참여율 75% 미만, 학생참여율 50% 미만(전년대비 학생참여율이 5%p 이상 상승한 기관은 제외, '27년부터 55% 미만으로 기준 변경)
- '26년 기관장 포함 고위직 별도 교육 대상기관(p.34 참조)이 고위직 별도 교육을 미실시한 경우

** 금융상품 판촉 영업 등과 연계한 무료교육 실시기관은 해당교육을 불인정하고 부진기관으로 지정

○ 실적 점검 기준표(C) - 유치원, 어린이집용

<table>
<tr><th rowspan="2">유형</th><th rowspan="2" colspan="2">평가항목</th><th colspan="2">2026년</th></tr>
<tr><th>배점</th><th>세부내용</th></tr>
<tr><td rowspan="3">계획
수립
(10)</td><td rowspan="3" colspan="2">폭력 예방교육
기본계획 및 결과보고서(10)</td><td rowspan="3">10</td><td>표준 서식 이용하여 수립 (10)</td></tr>
<tr><td>수립 (5)</td></tr>
<tr><td>미수립 (0)</td></tr>
<tr><td rowspan="18">교육
실시
(90)</td><td rowspan="14">교육참여(70)</td><td rowspan="2">기관장
(원장)</td><td rowspan="2">10</td><td>이수 (10)</td></tr>
<tr><td>미이수 * 부진기관 (0)</td></tr>
<tr><td rowspan="5">종사자
(기관장, 신규자,
비정규직 모두
포함)</td><td rowspan="5">30</td><td>90% 이상 (30/55*)
* 영아전담 어린이집의 경우</td></tr>
<tr><td>80~90% 미만 (26/48*)</td></tr>
<tr><td>70~80% 미만 (22/41*)</td></tr>
<tr><td>50~70% 미만 (18/34*)</td></tr>
<tr><td>50% 미만 (15/25*)</td></tr>
<tr><td rowspan="5">학생
(원생)</td><td rowspan="5">25</td><td>90% 이상 (25)</td></tr>
<tr><td>80~90% 미만 (21)</td></tr>
<tr><td>70~80% 미만 (17)</td></tr>
<tr><td>50~70% 미만 (13)</td></tr>
<tr><td>50% 미만 (10)</td></tr>
<tr><td rowspan="2">신규자 및
비정규직</td><td rowspan="2">5
(신규자 3 +
비정규직 2)</td><td>70% 이상 (신규자 3, 비정규직 2)
* (신규자, 비정규직이 없는 경우 5점)</td></tr>
<tr><td>70% 미만 (0)</td></tr>
<tr><td rowspan="4" colspan="2">교육방법(20)</td><td rowspan="4">20</td><td>전문강사 교육 (20)</td></tr>
<tr><td>일반강사** 교육 (15)</td></tr>
<tr><td>내부직원 교육 (10)</td></tr>
<tr><td>사이버 및 시청각교육 등 기타 (5)</td></tr>
<tr><td rowspan="2">가점
(20)</td><td colspan="2">추천 콘텐츠 사용 또는
자체교육자료 제작</td><td>10</td><td>사용 (10)</td></tr>
<tr><td colspan="2">학부모 교육 실시</td><td>10</td><td>교육결과보고서 제출 (10)</td></tr>
<tr><td>합계</td><td colspan="2">합계</td><td colspan="2">100점 (가점 시 120점)</td></tr>
</table>

■ 부진기관 기준 : 합계 70점 미만, 기관장(원장) 교육 미이수

** 금융상품 판촉 영업 등과 연계한 무료교육 실시기관은 해당교육을 불인정하고 부진기관으로 지정

3 예방교육 세부 이행사항

가. 계획수립

□ **폭력 예방교육 기본계획(10점)**

○ 표준 서식을 이용하여 폭력 예방교육에 대한 기본계획 수립(10점)

– 예방교육의 실시 시기·내용·방법 등

* ('26년) 국가기관, 지방자치단체(소속기관 및 사업소 포함), 공직유관단체, 각급 학교는 기관장 포함 고위직 대상 맞춤형 별도 교육(성희롱·성폭력·성매매·가정폭력 예방교육을 포함하여 4시간 이상) 내용 포함 (다만, 종사자 100인 미만인 공직유관단체와 대학교는 '26년 고위직 별도 교육 의무 대상 기관에서 제외) *고위직 대상 맞춤형 별도 교육 관련 p.34 참조

– 성희롱 예방교육과 함께 기타 성희롱 방지조치 항목(성희롱 고충상담원 교육*, 성희롱 고충심의위원회 운영)도 계획 수립

* 공공기관, 각급학교는 교육신청, 여비지급 등 고충상담원의 전문교육 이수에 필요한 조치를 계획에 반영해야함

– '통합교육'을 실시하는 경우, 교육대상의 특성에 및 여건에 따라 그 내용과 운영방법에 관하여 계획을 사전 수립

※ 유형별 폭력 예방교육을 통합하여 기본계획 수립 가능

※ 〈붙임1. 폭력예방교육 계획서 및 결과보고서(서식)〉 참조(p. 58)

– 표준 서식을 활용한 결과보고서 작성

○ 표준 서식 이용하지 않고 수립(5점)

– 상기 내용은 포함하나, 표준 서식 이용하지 않은 경우

○ 미수립 또는 상기 항목 미반영(0점)

※ 각 기관은 「양성평등기본법」 및 「성폭력방지 및 피해자보호 등에 관한 법률」에 따라 '성희롱·성폭력 예방지침' 수립 의무화(성희롱·성폭력 예방지침 표준안 및 해설(p.112 참조), 성폭력 예방지침 표준안 및 해설(유치원·어린이집용)(p.132 참조))

※ '중앙부처 및 광역지방자치단체'는 2016년 「성폭력방지 및 피해자보호 등에 관한 법률」 개정에 따라 '성폭력 예방계획' 수립(5. 성폭력 예방계획 작성 가이드라인 참조(p.186))

나. 교육실시

□ 폭력예방교육 내용

○ 각 개별법에서 정한 교육 내용에 국한하지 않고, 구성원들의 관심제고와 효과적인 전달을 위하여 사례 중심, 사건 대응 절차 등으로 교육이 구성될 수 있도록 권장

- 개별 기관 특성에 맞는 내용을 추가한 교육 권장(사례 발표 및 토론을 통한 교육의 발표자료, 결과보고서 제출 시 가점 8점 부여)
- 종사자와 학생 등을 대상으로 '성폭력 예방교육'을 실시할 경우, 딥페이크 등 디지털 성범죄 예방교육 내용과 친족에 의한 성폭력*, 향정신성 약물에 의한 성범죄에 관한 내용을 포함하여 실시

  * 가족에게 성적 피해를 겪는 경우, 가족에게 버림받거나 성인이 될 때까지 참거나 늦게 인지하는 사례가 종종 발생하므로 피해자가 겪는 낙인 효과와 사회적 편견을 없애기 위해서는 인식개선이 필요함

- 성매매 예방교육의 경우 성매매에 유입된 아동·청소년은 '대상 아동·청소년'이 아닌 '피해자'이고*, 전담기관을 통한 상담 및 보호 대상임을 포함하여 실시

  * 「아동·청소년의 성보호에 관한 법률」 제4조제1항

구분	근거	내 용
성희롱 예방교육	「양성평등기본법 시행령」 제19조제1항	• 성희롱 예방에 관한 법령 • 성희롱 발생시 처리 절차 및 조치기준 • 성희롱 피해자에 대한 고충상담 및 구제절차 • 성희롱 행위자에 대한 징계 등 제재조치 • 그 밖에 성희롱 예방에 필요한 사항
성매매 예방교육	「성매매방지 및 피해자보호 등에 관한 법률 시행령」 제2조제3항	• 성평등 관점에 따른 건전한 성의식 및 성문화에 관한 사항 • 성매매 방지 및 처벌에 관한 법령의 내용 • 성매매 목적의 인신매매 예방에 관한 사항 • 그 밖에 성에 대한 건전한 가치관 함양과 성매매 예방에 필요한 사항
성폭력 예방교육	「성폭력방지 및 피해자보호 등에 관한 법률 시행령」 제2조제3항	• 건전한 성의식 및 성문화의 창달에 관한 사항 • 성인지 관점에서의 성폭력예방에 관한 사항 • 성폭력방지를 위한 관련 법령의 소개 및 홍보에 관한 사항 • 그 밖에 성에 대한 건전한 가치관 함양과 성폭력예방에 필요한 사항 • (아동·청소년이 교육 대상인 경우)성폭력 위기 상황에 대응할 능력을 향상시킬 수 있는 교육 내용
가정폭력 예방교육	「가정폭력방지 및 피해자보호 등에 관한 법률 시행령」 제1조의2제3항	• 정상적인 가정생활의 영위와 가족구성원 관계의 유지 및 발전에 관한 사항 • 성인지(性認知) 관점에서의 가정폭력 예방에 관한 사항 • 가정폭력 방지를 위한 관련 법령의 소개 및 홍보에 관한 사항 • 그 밖에 정상적인 가정생활을 위한 건전한 가치관 함양과 가정폭력 예방에 필요한 사항 • (아동이 교육 대상인 경우) 가정폭력 위기 상황에 대응할 능력을 향상시킬 수 있는 교육 내용

□ 교육 참여(70점)

◇ 기관에서 교육 대상인원 산정 기준(p.41 참조)

- o 교육대상 인원은 **2026년 12월 31일을 기준**으로 기관에 소속된 사람의 총 수로 계산
- o 다만, 대학의 경우, 교직원 및 대학생(대학원생 포함) 참여율을 산정하기 위한 기준 인원은 **대학정보공시 기준을 준용하여 2026년 4월 1일 기준임**

○ 기관장 참여(10점)

- 기관장, 고위직 및 전 직원(종사자)은 교육의 전 과정을 참여한 경우 이수한 것으로 봄
- 기관장이 교육에 불참한 경우에는 부진기관으로 분류
- 국가기관 및 지방자치단체의 장이 '성희롱 예방교육'에 미참여한 경우 그 명단 공표(「양성평등기본법」 개정, '21.10.21. 시행)

※ 교육대상 기준은 QnA 참조

◇ 국가기관등의 장과 사업주는 성희롱 등 폭력 예방교육을 의무 실시하여야 할 주체인 동시에 교육을 받아야 하는 대상이므로 사업주가 솔선수범하여 적극적 교육 참여 필요

- 국가기관등의 장과 사용자는 해당 국가기관등과 사업장 등에 소속된 사람(해당 국가기관등의 장과 사용자를 포함한다)를 대상으로 성희롱 예방교육 실시를 법률에서 규정(「양성평등기본법」 제31조, '21.4.20. 개정, 10.21. 시행)
- 민간사업장의 사업주도 성희롱예방교육 등 방지조치를 실시하여야 할 주체인 동시에 대상임(상급자, 근로자 포함) (「남녀고용평등과 일·가정양립지원에 관한 법률」 제12조~제13조)

○ 고위직 참여(최고 25점)

- 국가기관, 지방자치단체, 공직유관단체, 각급학교(초·중·고)는 고위직 교육 참여율이 80% 미만인 경우에는 부진기관으로 분류(대학교는 75% 미만인 경우 부진기관으로 분류)
- (고위직 공통기준) : 부기관장 외에 다음가는 등급(직급)으로 실질적으로 업무를 책임지는 부서장까지 포함

기관유형	고위직 분류
중앙부처(본부)	부기관장, 고위공무원 또는 이에 준하는 직위 등(예 : 차관, 실장, 국장, 정책관)
중앙부처 일선기관	(일선경찰서) 경무과장, 여성청소년과장 등 과장과 지구대장 등 (일선세무서) 재산세과장, 조사과장 등 과장급까지 (일선우체국) 우편물류과장, 영업과장 등 과장급과 각 읍·면·동 우체국장 (일선소방서) 소방행정과장 등 과장급과 각 119안전센터장 (교도소·구치소) 총무과장 등 각 과장급까지 (지방고용노동청·지청) 고용센터장 및 지역협력과장 등 과장급까지 (지방병무청) 운영지원과장, 병역판정검사과장 등 각 과장급까지 (지방보훈청·지청) 총무과장, 보훈과장 등 과장급까지
법원, 검찰, 경찰	부기관장, 고위공무원 또는 이에 준하는 직위 등 (법원) 부장판사, 판사, 사무국장 등 (검찰) 부장검사, 검사, 사무국장 등 (경찰) 차장, 부장 등 경무관 상당 고위공무원 등
지방법원, 지방검찰청 등	(지방법원지원) 부장판사, 판사, 사무과장 등 (지방검찰청지청) 부장검사, 검사, 사무과장 등
지자체, 지방의회	(광역) 부시장·부지사, 실장, 국장 등 (기초) 부시장·부군수·부구청장, 실장, 국장, 과장(읍·면·동장 포함) 등 (지방의회) 지방의회의원, 사무국장 등
교육청	(교육청) 부교육감, 국장, 과장 등 (교육지원청) 국장, 과장 등
공직유관단체	부기관장, 부기관장 외에 다음가는 부서장 (예) 부기관장, 임원 및 본부장급, 인재경영처장 등
초·중·고교	교감 및 부장교사, 행정실장
대 학	부총장, 단과대 학장, 실·처장, 부속 기관장, 센터장 및 전임교원(정교수, 부교수, 조교수)

○ 종사자 및 학생 참여율(최고 30점)

- 기관장 포함, 재직 중인 전 종사자(비정규직, 인턴, 사회복무요원, 무기계약직(공무직)·기간제·시간제 근로자 등 포함), 외부상주인원(외부기관에서 파견 온 용역직원, 대학의 경우 기업체 위탁교육생 포함) 등을 대상으로 연 1회 이상, 성희롱·성매매·성폭력·가정폭력 예방교육을 각 1시간 이상의 교육을 실시

- ①중·고등학생은 성매매·성폭력·가정폭력 예방교육, ②초등·대학생(대학원생 포함)은 성폭력·가정폭력 예방교육, ③유치원·어린이집 원아는 성폭력 예방교육을 연 1회 이상, 각 1시간 이상의 교육 대상이고, 건전한 성인식 확립을 위해 학년 및 연령에 맞는 교육 실시
- 국가기관, 지방자치단체, 공직유관단체, 각급 학교의 종사자 교육 참여율이 80% 미만일 경우 부진기관으로 분류(유치원·어린이집은 제외, 대학교는 75% 미만)
- 대학생의 경우 학생참여율이 50% 미만('27년부터는 55% 미만인 경우)일 경우, 부진기관으로 분류(단, 전년 대비 학생참여율이 5%p 이상 상승한 기관은 부진기관에서 제외)

○ 신규자 및 비정규직 참여(신규자 : 3점, 비정규직 : 2점) (신규자, 비정규직이 없는 경우 5점)

- 신규직원에 대해서는 임용일로부터 2개월 이내에 교육을 실시하여야 함

※ 임용 후 기관 이동, 재계약자 등은 신규자에 해당하지 않음
임용 전·후 신규자 관할 교육훈련기관에서 실시한 교육도 실적으로 인정

◇ 관련 내용

- (내용) "신규임용된 사람에 대해서는 임용된 날부터 2개월 이내에 교육을 실시하여야 한다."
- (근거) 「양성평등기본법 시행령」 제20조제1항제1호, 「성매매방지 및 피해자보호 등에 관한 법률 시행령」 제2조제2항, 「성폭력방지 및 피해자보호 등에 관한 법률 시행령」 제2조제2항제1호, 「가정폭력방지 및 피해자보호 등에 관한 법률 시행령」 제1조의2제2항
- 직원 신규자 과정을 활용한 교육 실시 협조
  ※ 특히 자체 교육훈련기관이 있는 공공기관은 적극 참여

- 비정규직, 인턴, 사회복무요원, 무기계약(공무직)·기간제·시간제 근로자, 용역직원, 방과 후 교사 등 직원 외 인력에게도 교육 기회를 제공
- 각각의 교육 참여율이 70% 이상일 경우에만 점수 인정

〈 대학교 대상인원 산정기준 및 세부내용 〉

□ **폭력예방교육실적 제출 일원화**

ㅇ 성평등가족부 예방교육통합관리시스템과 대학교 정보공시 시스템을 연계하여 대학교의 교육실적은 성평등가족부로 제출하는 실적으로 일원화(2020년도 교육실적부터 적용)

⇒ **2027년 2월말까지 성평등가족부 「예방교육통합관리시스템」을 통해 제출**하는 **2026년** 성희롱·성폭력·가정폭력·성매매 예방교육 실적은 **2027년 「대학정보공시」 공표 정보로 공동 활용**

□ **대학교 폭력예방교육 대상인원 산정 기준**

ㅇ **대학의 경우, 교직원 및 대학생(대학원생 포함) 참여율을 산정하기 위한 기준 인원은 대학정보공시 기준 (2026.4.1.)을 준용**

□ **대학교 폭력예방교육 대상인원**

ㅇ 교원 : 총장, 전임교원, 비전임교원

* 대학정보공시 〈6-가-1. 전체 교원대비 전임교원 현황〉을 준용하되 ①휴직, 연수, 안식년·연구년 등으로 근무하지 않거나, ②기타교원(비전임교원) 중 대학 내에서 1회 이상 근무하지 않는 교원은 제외하고 총장은 포함

ㅇ 직원 : 대학교 소속 직원, 공시되지 않은 조교·외주직원·사회복무요원 포함

* 대학정보공시 〈14-사. 직원현황〉을 준용하되 휴직, 연수 등으로 근무하지 않는 직원은 제외하고, 공시되지 않은 조교·외주직원·사회복무요원 등은 포함

ㅇ 학생 : 재학생(대학원생 포함)

* 대학정보공시 〈4-마. 재적 학생 현황〉의 재학생을 입력하되, 휴학생 및 학위취득유예학생은 제외

※ 대학생의 경우 성희롱·성매매 예방교육 의무대상은 아니나, 통합교육시 예방교육 실시 가능

□ 교육방법(최고 20점)

◇ **관련 내용**

ㅇ (근거) 「양성평등기본법 시행령」 제19조제2항, 「성매매방지 및 피해자보호 등에 관한 법률 시행령」 제2조제3항, 「성폭력방지 및 피해자보호 등에 관한 법률 시행령」 제2조제3항, 「가정폭력방지 및 피해자보호 등에 관한 법률 시행령」 제1조의2제3항

ㅇ (내용) "(성희롱·성매매·성폭력·가정폭력) 예방교육은 강의, 시청각교육 또는 인터넷 홈페이지를 이용한 교육 등 다양한 방법으로 실시할 수 있되, **대면(對面)에 의한 교육이 포함되어야 한다."** (강사를 초빙하여 실시간 온라인 쌍방향 교육을 실시한 경우도 인정)

- 기관에서는 각 분야별(성희롱·성매매·성폭력·가정폭력)로 최소 1회 이상 대면에 의한 교육(강사교육 또는 내부직원 교육)을 실시하여야 함(지침 QnA p.46 참고)

※ (참고) 교직원과 학생 대상 교육방법이 다를 경우, 보다 높은 배점의 교육 방법을 기관 대표 교육 방법으로 인정

또한, 2개 이상의 다양한 교육방법을 활용한 경우, 보다 높은 배점의 교육방법을 기관 대표 교육 방법으로 인정

○ 전문강사에 의한 교육(20점)

- 한국양성평등교육진흥원(www.kigepe.or.kr)에 '폭력예방 통합교육' 분야로 등록·위촉된 전문강사(타 분야 위촉강사는 일반강사로 분류)
  * 한국양성평등교육진흥원 홈페이지(www.kigepe.or.kr)에서 현재 위촉여부를 반드시 확인하기 바람
- 학생을 대상으로 실시하는 학교 보건교사 또는 청소년성문화센터 강사에 의한 성폭력·성매매 예방교육
- 대학 내 양성평등을 주된 목적으로 운영 중인 교육과목의 교원, 전문상담원에 의한 예방교육(단, 외부기관이 아닌 대학 내 교육 시에만 인정)
- 변호사 또는 대학인권센터장으로서 '24, '25년도 한국양성평등교육진흥원에서 실시하는 강사 역량강화 과정을 수강한 자
  ※ (강사 1인당 교육 대상 규모) 교육과정(과목)의 특성 및 운영상황 등을 고려하여 결정하되, 강사와 학습자간 및 학습자 상호간에 충분한 상호작용이 이루어질 수 있도록 소규모 토론식 교육 권장

○ 일반강사에 의한 교육(15점)

- 전문강사로 인정되지 않는 외부 강사(외부기관에서 강의를 하고 있는 내부 직원을 강사로 활용하는 경우 포함)
- 교직원을 대상으로 하는 학교 보건교사에 의한 성희롱·성폭력·성매매 예방교육
- 토론, 세미나, 연극(인형극 포함), 뮤지컬 등 성인지력(폭력민감성) 제고 및 폭력예방 관련 공연에 의한 교육방법을 활용한 경우에는 일반강사와 동일한 교육방법으로 인정
  ※ 일시 및 장소, 참여자 명단, 토론·세미나 등의 주제를 적시하여 내부결재를 받은 품의서 또는 이행 결과서 제출 시 교육으로 인정

  ※ 금융상품 판촉 영업 등과 연계한 무료교육 실시기관은 해당교육을 불인정하고 부진기관으로 지정

〈성인지력 제고 및 폭력예방 관련 프로그램 운영 가이드〉

조직구성원의 성인지 감수성 및 폭력예방 인식 제고 등 예방교육과 유사한 목적을 달성하기 위해 기획된 프로그램을 체계적으로 운영한 경우 일반강사에 의한 교육방법과 동일하게 인정

	프로그램 적합성 여부 체크리스트
관점	1. 양성평등 및 인권 가치에 부합하는가
내용	2. 양성평등 및 폭력 예방교육을 위한 내용구성으로 타당한가
방법	3. 내용을 쉽게 이해할 수 있는가
효용	4. 폭력을 허용하는 편견 깨기 및 예방 필요성을 인식하는데 도움이 되는가
	5. 폭력예방 실천 등 행동변화 및 조직의 폭력예방 문화 조성에 도움이 되는가

○ 내부직원에 의한 교육(10점)

- 교육진행자는 고충상담원교육, 성인지교육 이수 등 성인지 관점을 가진 직원에 의해 실시(권고)
- 소속직원이 폭력 예방교육을 실시하되, 학습효과를 높이기 위해 PPT, 동영상 등 시청각교구 등을 활용할 수 있음

※ 훈시 등 단순고지와의 차이점은 자체 예방지침에 대한 구체적 안내 등 논리구조를 갖춘 교육자료 및 담당(책임)자에 의한다는 점이며, 교육자료 및 교육이수 여부 등이 불분명한 경우 불인정

○ 사이버 교육(5점)

- 다양한 멀티미디어 요소를 활용한 교수내용 전달, 학습자의 활동 참여, 온라인 평가 등을 통한 교육 성취도 달성 등 쌍방향 소통에 기초한 원격교육 프로그램 편성에 초점

※ 사이버 교육은 학습자 개별 ID로 학습활동(평가, 상호작용, 진도율 등)이 포함된 개별 이수 확인이 가능한 교육으로, 교육 참여 여부가 불분명한 경우 불인정

※ 교육실시 등 여부를 객관적으로 증명할 수 있는 결과보고서(붙임1, p.58)를 증빙자료로 첨부 (다만, 교육 참여자들의 개별 이수증 등은 자체 보관)

- 한국양성평등교육진흥원* 또는 기타 이에 준하는 전문교육훈련기관 등에 위탁하여 교육과정 운영 가능

* 교육관련 사항은 한국양성평등교육진흥원 홈페이지(http://www.kigepe.or.kr) 및 이러닝센터(http://www.kigepe.or.kr/elearning) 참조

○ 시청각 교육 등 기타(5점)

- 영상물 등 교육매체를 주로 활용하여 교육을 실시
- 해당 동영상 자료를 기관 내 시스템에 탑재하여 일방향적 교육을 실시할 경우, '사이버 교육'이 아닌 '시청각 교육(집합)'으로 인정함

※ 단, 교육실시 및 교육이수 여부 등을 객관적으로 증명할 수 있는 경우에 한하여 교육으로 인정함

※ "예방교육통합관리시스템(shp.mogef.go.kr) - 교육자료"의 영상물 및 간행물 활용 권장

◇ **교육 불인정 사례**

- 회의 시 훈시 등 단순 고지
- 학교 등에서 전체 집합교육 후 불참자의 경우 전달교육(예 : 자료전달, 15분 정도 요지 전달)으로 예방교육을 갈음하는 경우
- 교육 자료를 기관 내부 게시판에 단순 게재 또는 유인물 배포
- 개인 이메일로 송부하는 경우 등 직원의 교육 참여 여부를 확인하기 곤란한 경우 교육 실적으로 불인정

※ 민간사업장의 경우도 동일

- 「남녀고용평등과 일·가정 양립 지원에 관한 법률 시행령」 제3조제3항 ③ ~. 다만, 단순히 교육자료 등을 배포·게시하거나 전자우편을 보내거나 게시판에 공지하는 데 그치는 등 근로자에게 교육 내용이 제대로 전달되었는지 확인하기 곤란한 경우에는 예방 교육을 한 것으로 보지 아니한다.

◇ **영업 등과 연계한 무료교육시 교육 불인정 강화**

- 금융 상품 판촉 등 영업과 연계한 무료 성희롱·성폭력 예방교육으로 제도 취지를 훼손하거나 교육내용의 부실 우려가 높음
- 영업 등과 연계한 무료교육 실시기관은 해당교육을 불인정하고 부진기관으로 지정(실적입력시 해당여부 체크)

다. 가점 사항

□ 기관 내 사례 토론, 세미나 등 교육 실시(8점)

○ 토론, 세미나, 연극, 뮤지컬 등 발표자료 또는 상세 결과보고서 제출(8점)

- 토론 및 세미나 진행 시 활용한 발표자료 등 관련 자료 제출
- 토론, 세미나 또는 연극에 대한 구체적인 결과보고서를 작성하여 제출

※ 토론, 세미나 또는 연극 내용, 결과(주요 발언, 제언 등) 등을 구체적으로 작성하여 결과보고서 제출

□ 추천 콘텐츠 사용 또는 자체 교육자료 제작(2점, 어린이집·유치원 10점)

○ 성평등가족부에서 추천하는 우수 교육 콘텐츠(동영상, 교재, 강의안 등)를 활용하여 교육 실시

- 성평등가족부 홈페이지(www.mogef.go.kr) 중 '교육자료 〉 폭력예방 교육자료'의 영상물 및 간행물 활용
- 예방교육통합관리 시스템(shp.mogef.go.kr) 중 '폭력예방교육 소개 〉 자료실 〉 교육자료실'의 영상물 및 간행물 활용

※ 성평등가족부 홈페이지 및 예방교육통합관리 시스템에 〈추천콘텐츠〉 목록 제공

○ 기관에서 자체 제작하거나 민간 부문에서 활용중인 교육 자료도 성평등가족부의 확인·평가 절차를 통해 '추천 콘텐츠' 공모 및 등록 가능

※ 관련 문의 : 한국양성평등교육진흥원(contents@kigepe.or.kr)

○ 동영상, 리플릿, 포스터, 안내자료 등을 교육 자료로 제작

□ 기관 내 폭력 예방교육 이수 의무화 제도 마련(p.54, QnA참고)(5점)

○ 기관 구성원들이 폭력 예방교육을 의무적으로 이수할 수 있도록 내부 지침 및 규정, 학칙 등에 제도를 마련하고 해당 증빙자료를 제출한 경우

○ 대학생 교육 참여율 제고를 위한 특수시책(신입생 오리엔테이션 시 의무 교육 실시, 교육 이수 여부 성적확인 요건, 졸업 요건 지정 등) 마련·운영한 경우이거나, 한국양성평등교육진흥원 주관 대학 맞춤형 대면 컨설팅에 참여한 경우*

* 참여 희망 업무 담당자 대상 대학별 운영사례 공유 및 1:1 맞춤형 대면 컨설팅 실시(7~8월 예정)

※ (예시) 학사시스템을 통한 교육 안내·관리, 학적부에 이수 여부 기록, 장학금 마일리지 운영, 학생 참여형 예방교육캠페인

□ 예방교육 모니터링 실시 (3점)

○ 예방교육 실시 후 효과성 측정 및 강의평가 실시 등

- 교육 수료자 대상으로 교육 효과성 측정을 실시하여 교육대상자의 교육 전과 후 성희롱·성폭력 등에 대한 민감도 및 성인지 감수성 향상 정도에 대한 평가 실시

  ※ 〈붙임 2 : 교육만족도 조사, p.63〉 활용

- 초·중·고등학교의 경우 학부모회, 학교운영위원회, 학생회 등 학교 자치 기구를 통한 예방교육 모니터링을 실시하거나 교육결과를 보고하고, 이에 대한 증빙자료를 제출한 경우도 인정

□ **신종 범죄 등 폭력예방교육 추가 교육 실시(2점)**

○ 딥페이크 등 디지털 성범죄 예방, 교제폭력, 스토킹 예방, 2차 피해 예방 등 신종 범죄 등 폭력예방교육을 의무교육시간 외 별도로 실시한 경우 가점 부여

※ 통합교육 내 포함은 인정되지 않으며 별도의 추가 교육을 실시한 경우에만 인정

※ 고위직 대상 별도 교육(p.34)은 가점 부여 대상 아님(의무 실시 교육)

※ 수사기관 2차 피해 예방교육, 스토킹 예방교육은 가점 부여 대상 아님(의무 실시 교육)

○ 대학생 대상 성매매 예방교육 등 폭력예방교육을 추가 실시한 경우도 인정

□ **학부모 교육실시(어린이집·유치원 10점)**

○ 유치원, 어린이집에서 유치원생, 보육아동과 함께 또는 별도로 학부모 대상 성폭력 예방교육을 실시한 경우

※ 단, 가정통신문 및 단순 교육자료 발송은 학부모교육으로 불인정

라. 고위직 대상 맞춤형 별도 교육 시행방안

□ **기관장을 포함한 고위직 대상 맞춤형 별도 교육 실시**

○ (대상기관) 국가기관, 지방자치단체(소속기관 및 사업소 포함), 공직유관단체, 각급 학교*

* 각급 학교 : 「초·중등교육법」 제2조 및 「고등교육법」 제2조와 "그 밖의 다른 법률에 의하여 설치된 각급 학교"를 말하며, 초등학교, 중학교, 고등학교, 대학교 포함

- (국가기관·지자체) 상급기관과 연계하거나 동급 기관 간 통합하여 실시 가능
- (공직유관단체·대학교) 종사자 100인 미만인 '공직유관단체와 대학교'는 '26년 별도 교육 의무 대상기관에서 제외
- (각급 학교) 시·도 교육(지)청 주관으로 각급 학교 교장(감), 행정실장을 대상으로 실시한 고위직 맞춤형 별도 교육을 각급 학교의 고위직 맞춤형 별도 교육으로 갈음할 수 있음

* 대학교 고위직 별도 교육 대상 : 총장, 부총장, 단과대 학장, 실·처장, 부속 기관장, 센터장 등 (각 대학별 필요에 따라 전임교원의 경우도 고위직 별도 교육 대상에 포함할 수 있음)

* 초·중·고등학교 고위직 별도 교육 대상 : 교장, 교감 및 행정실장(각 학교별 필요에 따라 부장교사를 고위직 별도 교육 대상에 포함할 수 있음)

※ 초·중·고등학교, 대학교의 고위직 별도교육 대상은 고위직 참여율(부진기관 기준)을 산정하는 고위직 대상과 다름(p.34 참고)
※ 고위직 참여율 산정 기준 : (초·중·고) 부장교사 포함, (대학교) 전임교원 포함

○ (교육내용 및 시간) 성희롱·성매매·성폭력·가정폭력 예방교육을 각 1회, 1시간 이상(연간 총 4시간 이상)을 일반 직원 등과 구분하여 기관장을 포함한 고위직 대상 맞춤형 별도 교육 실시

- 성희롱·성폭력 예방교육만 고위직 별도 교육으로 운영하고, 성매매·가정폭력 예방교육은 일반직원교육과 같이 실시하는 경우도 인정
- 단, 4대 폭력예방교육을 통합교육으로 운영하여 교육별 교육시간 구분이 어려운 경우에는 폭력예방교육 전체를 별도 교육으로 실시

〈고위직 대상 맞춤형 별도교육 운영 예시〉

구 분	가능여부
대면교육 4시간	○
온라인 실시간교육(온나라 영상회의, ZOOM 등) 4시간	○
성희롱·성폭력(고위직 별도 : 대면·온라인 실시간) +성매매·가정폭력(일반 직원 교육 : 대면·시청각·사이버)	○
대면교육+온라인 실시간교육(온나라 영상회의, ZOOM 등)	○
비실시간 사이버교육	×
시청각 교육	×

○ (교육방법) 소규모 토론과 상황별 문제해결 프로그램 등 사례중심의 내실 있는 교육 실시 권장

- (공공)기관이 주관하는 소규모 대면교육이 원칙이나 대면교육이 불가한 경우 교육이 가능한 내부직원, 외부강사에 의한 실시간 온라인 화상교육* 가능

  * 실시간 쌍방향 온라인 화상교육 : 정보통신매체를 활용하여 강사와 학습자 상호 간 영상과 음성을 동시에 송·수신하여 교육하는 방식(예 : 온나라 영상회의, ZOOM 등)

  ※ 강사와 학습자간 및 학습자 상호간에 충분한 상호작용이 이루어질 수 있도록 실시

- <u>기관에서 고위직 별도교육(대면)을 실시</u>하였으나, 불가피한 사유*로 해당 교육에 참석하지 못한 고위직(기관장 포함)은 '한국양성평등교육진흥원 이러닝센터, 나라배움터 등에 게재된 사이버교육**(고위직용) 이수(교육기관 선택은 자율)

  * 출장, 행사, 기타 개인 사유 등

  ** 한국양성평등교육진흥원 이러닝 센터 : '모두의 약속 폭력예방교육(4시간)' 또는 '서로를 위한 폭력예방교육(4시간)', 고위직 대상 맞춤형 별도 폭력예방교육(1차시)

  ** 나라배움터 : 평등한 일상, 폭력예방교육(4시간), 고위직 맞춤형(1차시)

  *** 기타 기관별 사이버교육 홈페이지(4대 폭력 예방교육 등)

- (유의 사항) ① 기관에서 고위직 별도교육(대면)을 미실시하고, 나라배움터 등에 게재된 사이버교육만 이수한 경우, ② 고위직(기관장 포함)과 일반 직원을 대상으로 함께 실시한 대면 교육의 경우는 불인정

□ **미실시한 경우**

○ 고위직 대상 맞춤형 별도 교육(대면, 실시간 쌍방향 온라인)을 미실시한 기관은 부진기관으로 분류

마. 국가기관 및 지방자치단체의 장이 '성희롱 예방교육' 미참여한 경우 명단 공표

□ **시행근거**

○ 「양성평등기본법」 제31조 개정('21.10.21. 시행)에 따라 '국가기관 및 지방자치단체의 장'이 '성희롱 예방교육'에 미참여한 경우 그 명단이 언론 등에 공표

□ **세부기준(안)**

○ (공표대상) 국가기관 및 지방자치단체의 장이 '성희롱 예방교육'에 미참여한 경우 그 명단(본부 및 소속기관 포함)

* 각급 학교, 공직유관단체, 어린이집·유치원은 대상 아님

○ (기준일자) 매년 12.31일자에 재직 중인 국가기관 및 지방자치단체의 장

* 기관장, 종사자(직원) 등 동일(p.41 참조)

○ (참고사항) 국가기관 및 지방자치단체의 장이 변경되었거나 공석인 경우 아래 사항에 대해서는 '교육 참여'로 인정

- 전임 기관장이 교육에 참여한 경우
- 기관장이 공석인 경우 기관장 역할을 대행한 자(예. 직무대행자 등)가 교육에 참여한 경우

□ **공표방법**

○ 인터넷 홈페이지 또는 일반일간신문 등에 게재하여 공표

바. 추가 안내사항

○ 결과보고서

- 교육 시행여부*를 알 수 있는 내용으로 부서장의 결재를 득하여 실적 제출 시 증빙으로 제출 〈붙임1 : 폭력예방교육 결과보고서(서식, p60) 참조〉

* 추진개요, 세부 교육추진결과(일시, 직급별 교육대상 및 참여인원, 교육방법) 등의 내용을 포함하여야 함

* 사이버교육 개별 이수증은 자체보관(p.52 참조)

【부적합한 결과보고서(예시)】

- 다른 교육분야의 결과보고서로 제출한 경우
  예) 성매매 예방교육 결과보고서에 성희롱 예방교육 결과보고서 제출
- 2~3개의 교육 실시 후 모든 교육분야의 결과보고서로 제출한 경우
- 입력한 교육인원수와 결과보고서 인원이 차이가 나는 경우
- 4개 교육분야를 합쳐서 1~2시간 교육하고 그 결과를 제출한 경우
- 기관장 참여여부·고위직 참여율이 증빙으로 확인이 불가한 경우

- 교육실시 등 여부를 객관적으로 증명할 수 있는 내부 결과보고서를 증빙자료로 첨부(다만, 교육 참여자들의 서명부, 이수증 등은 자체 보관)

※ 서면점검 시 교육 실시 관련 자료를 추가 확인할 필요가 있다고 판단되는 경우 해당 기관에 요청하거나, 현장방문 시 확인할 수 있음(해당 기관은 구비자료 원본 제공에 협조)

- **(「양성평등기본법 시행규칙」 제2조제1항)** ....성희롱 예방교육을 실시한 경우에는 교육일시, 교육방법, 교육내용 및 교육을 받은 사람의 인적사항 등 교육 관련 자료를 작성·관리하여야 한다.
- **(「남녀고용평등과 일·가정 양립 지원에 관한 법률」 제33조(관계 서류의 보존))** 사업주는 이 법의 규정에 따른 사항에 관하여 대통령령으로 정하는 서류를 3년간 보존하여야 한다.
- **(「남녀고용평등과 일·가정 양립 지원에 관한 법률 시행령」 제19조(보존서류의 종류))** 법 제33조에서 "대통령령으로 정하는 서류"란 다음 각 호의 서류를 말한다.
  2. 법 제13조 및 법 제13조의2에 따른 직장 내 성희롱 예방 교육을 하였음을 확인할 수 있는 서류

○ 교육 수료 후 효과성 측정(가점)

- 교육 수료자 대상으로 교육 효과성 측정을 실시하여 교육대상자의 교육 전과 후 성희롱·성폭력 등에 대한 민감도 및 성인지 감수성 향상 정도에 대한 평가 실시

※ 〈붙임 2 : 교육만족도 조사, p.63〉 활용

※ 예방교육 모니터링 실시 가점(3점)부여, 효과성 측정 등 평가 결과 증빙자료 제출

○ 폭력 예방교육 실적에 대한 현장점검은 법률에 따라 진행되는 사항으로 해당 기관은 현장점검 시 적극 협조

4 후속조치

□ 부진기관 관리

○ 교육을 부실하게 운영한 기관에 대해서는 관리자특별교육 실시 및 기관명 공표, 예방교육 개선계획서를 제출

○ 양성평등기본법 등 관련 법령에 따라 폭력예방교육 점검결과를 각종 기관 평가 반영에 요청

※ 관련법령 : 양성평등기본법 제31조⑥, 성폭력방지법 제5조⑨, 성매매피해자보호법 제5조⑦, 가정폭력방지법 제4조의3⑦

〈참고 : 관련 평가〉
- 「정부업무평가 기본법」 제14조제1항 및 제18조제1항에 따른 중앙행정기관 및 지방자치단체의 자체평가
- 「공공기관의 운영에 관한 법률」 제48조제1항에 따른 공기업·준정부기관의 경영실적평가
- 「지방공기업법」 제78조제1항에 따른 지방공기업의 경영평가
- 「초 · 중등교육법」 제9조제2항에 따른 학교 평가
- 「고등교육법」 제11조의2제1항에 따른 학교 평가 및 같은 조 제2항에 따른 학교 평가·인증

○ 당해 연도 신규 설립 기관은 폭력 예방교육을 시행하되 당해 연도에 한해 예방

○ 교육 점검 유예

○ 공공기관이 ①실적 미제출 및 허위 제출한 경우, ②점검기준표 합계 70점 미만인 경우, ③기관장 교육 미이수, ④고위직 참여율 80% 미만(대학은 75% 미만), ⑤종사자 참여율 80% 미만인 경우(대학은 75% 미만),⑥대학생 참여율 50% 미만인 경우, ⑦고위직 별도교육 대상기관이 별도교육을 미실시한 경우에는 주무부처에 이 사실을 통보하고, 주무부처와 협조하여 '현장점검 및 컨설팅' 실시

○ 부진기관 기준
- 부진기관 기준은 성희롱·성매매·성폭력·가정폭력 예방교육 각각에 적용되며, 교육 미실시 기관은 부진기관에 해당
- 금융상품 판촉 영업 등과 연계한 무료교육 실시기관은 해당교육을 불인정하고 부진기관으로 지정

구분	세부 기준
국가기관, 지방자치단체, 공직유관단체	① 점검기준표 합계 70점 미만 ② 종사자 참여율 80% 미만 ③ 기관장 교육미이수 ④ 고위직 참여율 80% 미만 ⑤ 고위직 별도 교육 미실시 (단, 공직유관단체 중 종사자 100인 미만인 기관은 '26년 고위직 별도 교육 의무대상 기관에서 제외)
각급학교 (초·중·고)	① 점검기준표 합계 70점 미만 ② 종사자 참여율 80% 미만 ③ 기관장 교육 미이수 ④ 고위직 참여율 80% 미만 ⑤ 고위직 별도 교육 미실시
대학	① 점검기준표 합계 70점 미만 ② 종사자 참여율 75% 미만 ③ 기관장 교육미이수 ④ 고위직 참여율 75% 미만 ⑤ 학생 참여율 50% 미만 (* '27년부터 55% 미만으로 기준 변경) (단, 전년 대비 학생참여율이 5%p 이상 상승한 기관은 부진기관에서 제외) ⑥ 고위직 별도 교육 미실시 (단, 종사자 100인 미만인 기관은 '26년 고위직 별도 교육 의무 대상기관에서 제외)
유치원, 어린이집	① 점검기준표 합계 70점 미만 ② 원장 교육미이수

□ 부진기관 관리자 특별교육

○ (일정) 2026년 7~9월(예정)

○ (교육참가 대상자)

- (국가기관, 지방자치단체) 폭력예방업무 담당부서 과장급 이상
- (공직유관단체) 인사 또는 복무 관련 부서의 장
- (초·중·고등학교) 교감 또는 교무부장 등 부장급 교사
- (대학교) 인사 담당 부서의 장 또는 폭력예방업무 담당 부서의 장
- (유치원·어린이집) 원장 또는 원감 등

□ 공표

○ 인터넷 홈페이지 또는 일반일간신문 등에 게재하여 공표

- 폭력예방교육 점검결과
- 부진기관 명단 : 당해 연도 부진기관 전체
- '국가기관 및 지방자치단체의 장'이 '성희롱 예방교육'에 미참여시 그 명단

※ '각급 학교, 공직유관단체, 어린이집·유치원'은 대상 아님

> **「성폭력방지 및 피해자보호 등에 관한 법률」 제5조(성폭력 예방교육 등)** ⑩ 성평등가족부장관은 제7항에 따른 점검결과를 대통령령으로 정하는 바에 따라 언론 등에 공표하여야 한다. 다만, 다른 법률에서 공표를 제한하고 있는 경우에는 그러하지 아니하다
>
> **「성폭력방지 및 피해자보호 등에 관한 법률 시행령」 제2조(성폭력 예방교육 등의 실시)** ⑦ 성평등가족부장관은 법 제5조제10항에 따라 성폭력 예방교육 및 성폭력 예방조치 실시에 대한 점검결과를 인터넷 홈페이지 또는 「신문 등의 진흥에 관한 법률」 제9조제1항에 따라 그 보급지역을 전국으로 하여 등록한 일반일간신문 등에 게재하여 공표해야 한다.
>
> **「양성평등기본법」 제31조(성희롱 예방교육 등 방지조치)** ④ 성평등가족부장관은 제2항에 따른 국가기관등의 성희롱 방지조치 점검결과에 대하여 다음 각 호의 사항을 대통령령으로 정하는 바에 따라 언론 등에 공표하여야 한다. 다만, 다른 법률에서 공표를 제한하고 있는 경우에는 그러하지 아니하다. 〈개정 2021. 4. 20.〉
>
> 1. 연간 성희롱 예방교육 실시 계획 수립 여부
> 2. 해당 국가기관등에 소속된 사람의 교육참여율 및 기관장의 참여여부(국가기관 및 지방자치단체의 장이 미참여한 경우 그 명단을 포함한다)
> 3. 성희롱 예방교육 실시방법
> 4. 성희롱 예방지침 및 성희롱 사건 발생 시 재발방지대책의 수립 여부
> 5. 그 밖에 대통령령으로 정하는 사항

□ 우수기관 시상

○ 우수기관 및 유공단체, 개인(업무담당자 등) : 성평등가족부장관 표창

○ 선정방법

- 1차 : 교육 합계 점수 상위기관에 대해 우수사례 접수(8월~9월)
- 2차 : 평가(제출된 우수사례 심사)(9월~10월)
- 3차 : 최종심사 포상시기 : 2026. 11월 중

제3장 폭력 예방교육 운영 관련 주요 QnA

1 예방교육 대상

Q 1) 기관에서 교육받아야할 대상 인원을 산정하는 기준은 무엇인가요?

A
- o 교육대상 인원은 2026년 12월 31일을 기준으로 기관에 소속된 사람의 총 수(휴직 자, 퇴직자 제외)로 계산합니다. 이는 1월 1일부터 12월 31일까지 재직한 모든 사람을 교육대상으로 하는 종전의 규정에서, 인원 산정의 명확성을 위해 2017년 개정한 사항입니다.
- o 다만, 대학의 경우, 교직원 및 대학생(대학원생 포함) 참여율을 산정하기 위한 기준 인원은 대학정보공시 기준을 준용하여 2026년 4월 1일 기준으로 합니다.

Q 2) 여러 기관에서 근무를 하고 있는 종사자(시간강사, 방과후교사 등)는 근무하고 있는 모든 기관에서 교육을 받아야 하나요?

A
- o 폭력예방교육의 법적취지 및 폭력 예방을 위한 사전예방 효과제고를 위해서는 모든 구성원이 교육의 대상이자 주체가 되어야 할 것입니다. 다만, 그 구성원(기관장 포함)이 별도의 예방교육을 받은 것으로 증빙할 수 있는 경우에는, 추가 교육은 제외할 수 있을 것으로 판단됩니다.

Q 3) 우리 기관의 외국 소재 지사에서 채용되어 근무하고 있는 외국인 종사자도 교육대상인가요?

A
- o 「성폭력방지 및 피해자보호 등에 관한 법률」 등 각 예방교육 관련 법령에는 교육대상을 기관·단체에 소속된 사람 및 학생으로 규정하고 있습니다. 사람의 범주에는 내국인 뿐만 아니라 외국인도 이에 해당함으로, 해외지사에서 채용되어 근무하고 있는 외국인도 예방교육 대상자로 보아야 합니다.

Q 4) 급여를 받지 않고 기관에서 봉사를 하는 자원봉사자도 교육대상인가요?

A

- o 예방교육 의무대상은 아니나, 기관 자율적으로 판단하여 필요한 경우 폭력예방 교육을 실시할 수 있습니다.

Q 5) 비상근 기관장도 교육대상에 포함되나요? 비상근 기관장이 교육 미이수 시 부진기관이 되나요?

A

- o 「양성평등기본법」('21.10.21일 시행)에서는 국가기관 등의 장과 사용자가 국가기관등과 사업장 등에 소속된 사람(해당 국가기관 등의 장과 사용자를 포함)을 대상으로 성희롱 예방교육을 실시하도록 규정하고 있습니다.

> **「양성평등기본법」 제31조(성희롱 예방교육 등 방지조치) ① 국가기관등의 장과 사용자는** 성희롱을 방지하기 위하여 대통령령으로 정하는 바에 따라 **해당 국가기관등과 사업장 등에 소속된 사람(해당 국가기관등의 장과 사용자를 포함한다)을 대상으로 성희롱 예방교육의 실시,** 자체 예방지침의 마련, 성희롱 사건이 발생한 경우 재발방지대책의 수립·시행 등 필요한 조치를 하여야 하고, 국가기관등의 장은 그 조치 결과를 성평등가족부장관 및 주무부처의 장에게 제출하여야 한다.

- o 아울러, 「성폭력방지 및 피해자보호 등에 관한 법률 시행령」 제2조 등에서 성폭력·성매매·가정폭력 예방교육을 소속된 사람에게 실시해야 한다고 규정하고 있습니다. 즉, 기관의 장은 예방교육 실시 의무의 주체이자 동시에 예방교육을 받아야 하는 대상으로 해석됩니다. 따라서 근무지에 상주하고 있는지 여부와 상관없이 기관의 장은 예방교육의 대상에 포함된다고 볼 수 있습니다.
- o 다만, 기관의 장이 공공기관 등 다른 기관의 직무를 겸임하여 타 기관에서 예방교육을 이수한 경우에는 기관장 교육을 이수하였다고 볼 수 있습니다.

Q 6) 신규자는 반드시 임용·채용 후 2개월 이내에 교육을 받아야 하나요?

A

- 각 예방교육 시행령 상에는 '신규자로 임용된 사람에 대해서는 임용된 날부터 2개월 이내에 실시하여야 한다.'라 규정되어있는바, 각 기관에서는 2개월 이내에 신규자 교육을 실시하여야 하며, 그렇지 않은 경우는 단순히 해당항목 점수를 취득하지 못하는 것이 아니라 법률상 의무 미이행으로 현장점검 등에 지적사항이 된다는 점을 유념하시기 바랍니다.

2 고위직 대상 맞춤형 별도 교육

Q 1) 고위직 대상 별도 교육은 반드시 대면교육으로 진행해야 하나요?

A

- 고위직 대상 별도 교육은 소규모 대면교육이 원칙입니다.
- 다만, 대면교육이 어려운 경우 전문강사 등에 의한 실시간 쌍방향 온라인 화상 교육(온나라 영상회의, ZOOM 등 활용)도 가능합니다.

Q 2) 고위직 대상 별도 교육도 예방교육 종류별로 각 1시간 이상씩 교육을 해야 하는가요?

A

- 고위직도 4대 폭력예방교육 의무 대상자이기 때문에 폭력예방교육 분야별로 각각 1시간 이상씩 교육을 이수해야 합니다.
- 따라서 고위직 맞춤형 별도 교육도 성희롱·성폭력·성매매·가정폭력을 각각 1시간 이상 수강하거나, 폭력예방 통합교육을 4시간 이상 수강하면 됩니다.
- 이때, 성희롱·성폭력 예방교육만 고위직 별도 교육으로 운영하고, 성매매·가정폭력 예방교육은 일반직원교육과 같이 실시하는 경우, 성매매·가정폭력 예방교육의 고위직 별도 교육은 미실시이나, 해당 교육 미실시로 인해 부진 기관이 되지는 않습니다.

Q 3) 실시간 쌍방향 온라인 화상교육(온나라 영상회의, ZOOM 등 활용)으로 고위직 대상 별도 맞춤형 교육을 진행할 경우 교육실적은 어떻게 증명하나요?

A
- ㅇ 실시간 쌍방향 온라인 화상교육으로 진행할 경우 교육생의 참석여부를 확인할 수 있도록 교육 시작과 종료 시점의 화면을 캡처하여 증빙자료로 제출하면 됩니다.
- ㅇ 그리고, 교육 실시 후 결과보고서와 참석자 명단을 작성하여 내부 결재를 받은 다음, 폭력예방교육시스템 실적입력 시 실적과 함께 제출하면 됩니다.

Q 4) 고위직 대상 별도 교육을 이수한 고위직의 경우라도, 직원대상 4대 폭력 예방교육을 다시 이수하여야 하는지요?

A
- ㅇ 고위직 대상 별도 교육은 4대 폭력예방교육을 일반직원과 분리하여 실시하는 것이므로, 추가로 일반직원 대상 4대 폭력예방교육을 수강할 필요는 없습니다.

Q 5) 상급기관(시·도 교육청 등) 주관으로 고위직 대상 별도교육을 실시했으나, 하위기관(학교 등) 고위직 전원이 참석하지 못한 경우, 해당기관은 고위직 대상 별도교육을 실시해야 하는지요?

A
- ㅇ 고위직 전원이 미참석한 경우는 자체적으로 고위직 대상 별도 교육을 실시해야 합니다.

Q 6) 고위직 대상 별도 교육은 전문강사 외에 내부직원이 실시해도 되는지요? 이 경우 폭력예방교육 점검 기준표에 따른 점수계산은 어떻게 되는지요?

A
- ㅇ 고위직 대상 별도교육은 전문강사 또는 교육이 가능한 내·외부 강사를 활용하셔도 됩니다. 이 경우 폭력예방교육과 고위직 별도교육은 중복 적용되지 않으며, 점수 산정은 아래와 같습니다.

〈 점수표 예시 〉

구 분	점수
· 직원 대상 폭력예방교육과 고위직 대상 별도교육 시 전문강사를 활용한 경우	20
· 직원 대상 폭력예방교육은 전문강사를 활용하고, 고위직 대상 별도교육은 일반 강사를 활용한 경우	20
· 직원 대상 폭력예방교육은 일반 강사를 활용하고, 고위직 대상 별도교육은 전문강사를 활용한 경우	20
· 직원 대상 폭력예방교육과 고위직 대상 별도 교육 시 일반 강사를 활용한 경우	15

7) 고위직 대상 별도교육을 실시한 기관 소속 고위직이 모두 다른 기관으로 전출을 간 경우 해당기관은 다시 교육을 실시해야 하는지요? 그리고, 다른 기관으로 전출 간 교육 이수자인 경우 그 기관에서 다시 고위직 별도교육을 이수해야 하는지요?

- o 고위직 대상 별도교육을 실시한 기관에서 교육을 받은 고위직이 모두 인사이동으로 전출 가고, 미이수자가 전입 오더라도 별도 교육을 재실시할 필요는 없습니다. 이 경우 미이수자는 사이버교육 등으로 이수하시면 됩니다.
- o 고위직 별도교육을 이수한 자는 타 기관으로 전출 가더라도 교육실적이 인정되므로 재이수할 필요는 없습니다.

3 교육방법

Q 1) 폭력예방교육 대면(對面)에 의한 교육 분야 및 대상은 어떻게 되나요? 대면(對面)에 의한 교육을 실시하지 않으면 부진기관이 되나요?

A

- ｢양성평등기본법 시행령｣ 제19조제2항, ｢성매매방지 및 피해자보호 등에 관한 법률 시행령｣ 제2조제3항, ｢성폭력방지 및 피해자보호 등에 관한 법률 시행령｣ 제2조제3항, ｢가정폭력방지 및 피해자보호 등에 관한 법률 시행령｣ 제1조의2제3항에 따라 성희롱·성매매·성폭력·가정폭력 분야를 각 1회 이상 대면에 의한 교육을 포함하여 실시하여야 합니다.
- 대면(對面)에 의한 교육은 전 종사자(학생 포함) 또는 고위직, 신규자 등 일부 종사자를 대상으로 실시하여도 되며, 대면(對面)에 의한 교육을 미실시한 사유만으로 부진기관으로 지정되지 않으나, 현장점검 시 대면(對面)에 의한 교육 미실시가 지적될 수 있습니다. 다만, 고위직 별도교육은 대면(對面) 또는 실시간 온라인 화상교육으로 실시하지 않는 경우 부진기관으로 지정됩니다.

Q 2) 강사, 내부직원을 활용한 실시간 쌍방향 온라인 교육 시 어떤 교육 배점이 인정되나요?

A

- 강사를 초빙하거나, 내부직원을 활용하여 실시간 온라인 쌍방향 교육(온나라 영상회의, ZOOM 등)을 실시한 경우에도 전문강사, 일반강사, 내부직원 배점이 각각 인정됩니다. 단, 강사와 학습자간 및 학습자 상호간에 충분한 상호작용이 이루어질 수 있도록 실시하시기 바랍니다.

Q 3) 폭력예방을 주제로 한 공연(연극, 뮤지컬 등)도 교육으로 인정되나요?

A

- 토론, 세미나, 외부 연극(인형극 포함), 뮤지컬 등 성인지 민감성 제고 및 폭력예방 관련 공연에 의한 교육방법도 일반강사와 동일한 교육방법으로 인정합니다.

4) 대학에서 내부 전문가가 강의를 한 경우 어떤 교육으로 인정되나요?

A

o 대학 내 양성평등을 주된 목적으로 운영 중인 교육과목의 교원, 및 전문상담원에 의한 예방교육은 전문강사에 의한 교육 배점과 동일하게 인정됩니다.

※ 대학인권센터장으로서 '24, '25년도 한국양성평등교육진흥원에서 실시하는 강사 역량강화 과정을 수강한 자 포함

o 단, 다른 외부기관이 아닌 대학 내에서 강의가 진행될 경우에만 전문강사에 의한 교육 배점으로 인정됩니다.

- 양성평등 관련 교육과목이란, 성평등을 제고할 수 있는 교육과목으로 여성, 인권, 성평등의 내용이 커리큘럼 내에 구성되어 있는 경우까지도 포함할 수 있습니다.

〈예시〉 성과 인간관계, 성평등리더십의 이해와 실천, 성의 문화적 재현, 남녀평등과 인간화, 성과 성차의 심리, 인권과 사회정의, 성과 사회, philosophy of race and gender, 성과 문화 등

5) 학교 보건교사가 종사자와 학생을 대상으로 예방교육을 했을 경우 어떤 교육 방법으로 인정되나요?

A

o 학교 보건교사가 학생을 대상으로 성매매·성폭력 예방교육을 실시할 경우, 전문강사에 의한 교육과 동일한 배점을 적용합니다.

o 학교 보건교사가 종사자를 대상으로 성희롱·성매매·성폭력 예방교육을 실시하는 경우는 전문강사가 아닌 일반강사에 의한 교육으로 인정됩니다. (2017년 개정)

6) 청소년성문화센터의 강사가 성매매 예방교육을 했을 경우 어떤 교육방법으로 인정되나요?

ㅇ 학생의 경우, 「아동청소년의 성보호에 관한 법률」 제47조(아동·청소년대상 성교육 전문기관의 설치·운영)의 의해 설치된 전문기관 '청소년성문화센터'에서 ①표준 프로그램으로, ②훈련된 종사자 등 직원에 의한, ③아동청소년 대상으로 교육을 실시한 경우 전문강사에 의한 교육과 동일한 배점을 적용합니다. (직원의 경우, 일반강사교육 배점 적용)

※ 단, ①~③의 요건을 모두 충족하여야 함

7) 가정폭력 예방교육 담당자가 학생부장이나 교무부장인 경우에 어떤 교육방법으로 인정되나요?

ㅇ 가정폭력 예방교육 담당자가 학생부장이나 교무부장인 경우에도 종사자 및 학생을 대상으로 가정폭력 예방교육을 실시한 경우에는 내부직원 강의에 의한 교육과 동일한 배점을 적용합니다.

8) 외부기관에서 강의를 하는 내부직원이 교육을 실시한 경우, 어떤 교육방법으로 인정되나요?

ㅇ 한국양성평등교육진흥원(www.kigepe.or.kr)에 '폭력예방 통합교육' 분야로 등록·위촉된 내부직원이 소속기관을 대상으로 교육을 실시한 경우 전문강사 교육방법으로 배점화되며, 폭력예방교육 관련 민간 자격증을 보유한 내부직원이 소속기관을 대상으로 교육을 실시한 경우는 일반강사 교육방법으로 인정합니다.

Q 9) 동영상 자료를 기관 내 시스템에 탑재하여 교육을 실시할 경우, '사이버 교육'에 해당하나요?

A
- o 동영상 자료를 기관 내 시스템에 탑재하여 일방향적으로 교육을 실시할 경우는 '사이버 교육'이 아닌 '시청각 교육(집합)'으로 인정합니다.
- o 단, 교육실시 여부를 객관적으로 증명할 수 있는 경우에 한하여 교육으로 인정합니다.

Q 10) 여러 기관이 합동으로 예방교육을 진행하면, 이 사항도 개별기관의 교육실적으로 인정하나요?

A
- o 예방교육을 실시한 관련 증빙이 있는 경우에 한해 교육실적으로 인정합니다. 단, 계획수립과 실적입력을 개별기관에서 제출(입력)하여야 합니다.

Q 11) 사이버 교육을 실시하려 합니다. 사이버교육 수강이 가능한 온라인 사이트는 어디인가요?

A
- o 한국양성평등교육진흥원 이러닝센터에서 대학교, 각급 학교(초·중·고등학교), 국가기관·지자체, 공직유관단체 종사자 대상 사이버 교육 과정을 무료로 지원하고 있으며, 회원 가입 후 교육을 이수하였을 경우 이수증이 발급 가능합니다. (홈페이지 : http://www.kigepe.or.kr/elearning / 문의처 : 02-3156-6126)

※ 국가기관·지자체 소속 공무원은 나라배움터(e-learning.nhi.go.kr)에서 온라인으로 성희롱 등 폭력예방교육을 지원하고 있으며, 해당 사이트에서 회원가입 후 교육을 이수하였을 경우 이수증 발급이 가능합니다.

Q 12) 사이버 교육 이수 시간은?

A
- o 법률에 따라, 사이버 교육 또한 온라인 강의, 학습평가, 만족도 조사 등의 일련의 사이버상의 교육과정이 1시간에 상당할 경우에 한하여 교육시간 1시간으로 인정됩니다.
- o 따라서, 사이버 교육과정이 1차시로 구성되어 있다고 하더라도 1시간에 상당하지 않을 경우는 1시간으로 인정되지 않습니다.

* (사례) 1차시 사이버교육 콘텐츠가 20~25분 정도로 구성되어 있을 경우 30분 교육 실적으로 인정하고 있음

Q 13) 2개 이상의 다양한 교육방법을 활용한 경우, 교육방법 배점은 어떻게 적용되나요?

A
- o 2개 이상의 다양한 교육방법을 활용한 경우, 보다 높은 배점의 교육 방법을 기관 대표 교육 방법으로 인정합니다. 예를 들어, 성폭력 예방교육에서 전문강사 교육과 사이버교육 실시로 실적 입력 시, 성폭력 예방교육의 교육방법 배점(총 20점)은 가장 점수가 높은 전문강사교육(20점)으로 적용됩니다.

Q 14) 전화와 팩스를 통해서 금융상품 판촉 등 영업과 연계하여 무료 예방교육을 실시해 준다는 안내를 받았습니다. 이러한 교육도 인정되나요?

A
- o 금융상품 판촉 등 영업과 연계한 무료 성희롱, 성폭력 예방교육은 제도 취지를 훼손하거나 교육내용의 부실 우려가 높아 교육 실시로 불인정 합니다.

※ ('18년 신설) 영업 등과 연계한 무료교육 실시기관은 해당 교육을 불인정하고, 부진기관으로 지정

Q 15) 아동학대 예방교육 및 아동학대 신고의무자 교육을 실시했습니다. 이러한 교육 이수가 가정폭력 예방교육 이수한 것으로 인정되나요?

A

o 「아동복지법」상의 아동학대 예방교육 및 아동학대 신고의무자에 대한 교육은 가정폭력 예방교육과 법률적 근거와 내용 등이 상이합니다. 따라서, 아동학대 예방 및 신고의무자 교육 시 가정폭력 예방교육 관련 내용이 일부 포함되었다고 하더라도 가정폭력 예방교육으로 인정하기는 어려우며, 별도로 가정폭력에 관한 교육을 1시간 이상 실시하여야 합니다.

〈가정폭력 예방교육, 아동학대 예방교육 및 신고의무자 교육 비교〉

구분	가정폭력 예방교육	아동학대 예방교육	아동학대 신고의무자 교육
근거	「가정폭력방지 및 피해자보호 등에 관한 법률」 제4조의3 및 같은법 시행령 제1조의2	「아동복지법」 제26조의2 및 같은법 시행령 제26조의2	「아동복지법」 제26조 및 같은법 시행령 제26조, 「아동학대범죄의 처벌 등에 관한 특례법」 제10조
소관부처	성평등가족부	보건복지부	보건복지부
대상기관	국가기관, 지방자치단체, 공직유관단체, 초·중·고, 대학	국가기관, 지방자치단체, 공직유관단체, 공공기관, 대학	아동 관련시설
교육대상	소속된 사람 및 학생	기관장을 포함한 전 직원	아동학대 신고의무자
교육시간	연 1회, 1시간 이상	연 1회, 1시간 이상	연 1회, 1시간 이상
교육내용	• 정상적인 가정생활의 영위와 가족구성원 관계의 유지 및 발전에 관한 사항 • 성인지(性認知) 관점에서의 가정폭력 예방에 관한 사항 • 가정폭력 방지를 위한 관련 법령의 소개 및 홍보에 관한 사항 • 그 밖에 정상적인 가정생활을 위한 건전한 가치관 함양과 가정폭력 예방에 필요한 사항 * 교육대상이 아동인 경우 가정폭력 위기 상황에 대응할 능력을 향상시킬 수 있는 교육내용 포함	• 아동학대 예방에 관한 법령 • 아동학대의 주요 사례 • 아동학대 발견 시의 신고방법	• 아동학대 예방 및 신고의무에 관한 법령 • 아동학대 발견 시 신고방법 • 피해아동 보호 절차

4 결과보고서 양식

Q 1) 폭력예방교육 결과보고서 양식이 따로 있나요?

A ㅇ 결과보고서는 〈붙임1. 폭력예방교육 계획서 및 결과보고서(서식)〉의 양식에 따라 작성하며, 교육 시행여부를 알 수 있는 내용으로 부서장의 결재를 득하여 실적 제출 시 증빙*으로 제출하면 됩니다. 단, 기관에서 활용하는 별도 양식이 있다면, 〈붙임1. 폭력예방교육 계획서 및 결과보고서(서식)〉의 주요항목**을 반영하여 작성하면 됩니다.

* 사이버교육 실시 후 발급되는 교육 참여자들의 개별 이수증 등은 자체보관

** 주요항목 : 추진개요, 통합교육 실시 여부, 세부교육 추진결과(일시, 직급별 교육대상 및 참여인원, 교육방법) 등의 내용을 포함하여야 함

5 학생 예방교육 실시 분야

Q 1) '성희롱 예방교육' 대상에 초·중·고등학생 및 대학생이 포함되나요?

A ㅇ 학생의 경우 성희롱 예방교육 의무교육대상은 아니나, 기관 자율적으로 판단하여 필요한 경우 성희롱 예방교육을 실시할 수 있습니다.

Q 2) '성매매 예방교육' 대상에 학생이 포함되나요?

A ㅇ 중·고등학생은 성매매 예방교육 의무대상이나, 초등학생 및 대학생의 경우 의무교육대상이 아닙니다. 따라서 초등학생 및 대학생의 경우는 기관 자율에 따라 성매매 예방교육을 실시할 수 있습니다.

- 군 복무 중인 군인의 경우에는 성매매 예방교육 대상에 해당됩니다.

6 어린이집의 성폭력 예방교육 실적 제출

Q 1) 영아 전담 어린이집도 학생 교육 실적을 제출해야 하나요?

A
- ㅇ 영아의 경우, 만 3세 미만의 교육실적은 제출 유예 가능합니다. 영아 전담과 상관없이 종사자의 교육실적은 제출하여야 합니다.

  ※ 단, 영아의 경우 의사표현과 자기보호가 현실적으로 어려운 점을 감안하여 기관장의 판단에 따라 자율적으로 실시할 수 있음

Q 2) 어린이집 인수로 대표자 및 상호명이 변경 시에도 교육실적을 제출해야 하는지요?

A
- ㅇ 이 경우는 기관이 승계·존속되는 것으로 보고, 교육실적을 제출해야 하는 것이 맞습니다.

Q 3) 3월에 개원하여 운영하다가 연중에 휴원 또는 폐원하게 된 경우, 보고대상에서 제외가 가능한지?

A
- ㅇ 2026년 12월 31일 기준 존속하는 기관은 교육실적을 제출하는 대상에 해당합니다.

7 기관 내 폭력예방교육 이수 의무화 제도(가점)

Q 1) 기관 구성원들이 예방교육을 의무적으로 이수할 수 있도록 하는 제도에는 어떤 것이 해당되는지 구체적으로 알려주세요.

A

- ㅇ 예방교육 이수 의무를 내부지침 및 규정, 학칙 등에 제도를 마련한 경우 가점 5점을 부여하고 있습니다(p.33 참고).
- ㅇ 그 예로는 ① 성희롱·성매매·성폭력·가정폭력 예방교육 이수 의무를 학칙에 반영, ② 교육이수여부를 성과평가(인사고과, 성과상여금 평가)나 승진인사에 반영, ③ 교원 재임용시 교육이수 여부가 반영된 업적평가 점수 적용, ④ 신규 임용교원은 폭력예방교육 이수증 제출 의무, ⑤ 대학생 교육 참여율 제고를 위한 특수시책을 마련·운영한 경우, ⑥ 한국양성평등교육진흥원 주관 대학 맞춤형 대면 컨설팅에 참여한 경우 등이 있으며, 그 외에도 기관 구성원들이 지속적으로 준수해야하는 지침, 제도, 규정, 훈련 등의 증빙자료를 제출하는 경우 모두 인정합니다.

8 통합교육 관련

Q 1) 통합교육의 의미는 무엇인가요?

A

- ㅇ '통합교육'은 성희롱·성매매·성폭력·가정폭력 예방과 교육에 있어, 성평등과 인권의 관점에 폭력의 통합구조에 대한 이해를 바탕으로 교육함으로써 폭력 예방교육의 효과성과 실행력을 높이기 위함입니다.
- ㅇ 교육분야 및 대상의 확대에 따라 유연하게 교육운영을 할 수 있도록 하면서, 교육제도의 본래 취지(범죄예방+성평등)를 구현하는데 의미가 있습니다.

2) 통합교육을 할 수 있는 전문강사 기준은?

o 통합교육 전문강사는 성평등가족부 산하기관 한국양성평등교육진흥원(https://www.kigepe.or.kr)에 '폭력예방 통합교육' 분야로 등록·위촉된 전문강사이며 ▲ 학생을 대상으로 하는 학교 보건교사 또는 청소년성문화센터 강사(성폭력, 성매매 예방교육) ▲ 대학 내 양성평등을 주된 목적으로 운영 중인 교육과목의 교원, 전문상담원에 의한 예방교육도 전문강사에 의한 교육 배점으로 인정합니다.

※ 변호사 또는 대학인권센터장으로서 '24, '25년도 한국양성평등교육진흥원에서 실시하는 강사 역량강화 과정을 수강한 자 포함

3) 통합교육은 사전에 예방교육 계획을 반드시 수립해야 하나요?

o 통합실시 필요성 및 세부내용(시기, 내용, 방법 등) 등에 대한 계획을 교육 실시 전에 마련해야 합니다. 단, 사이버 교육 등 온라인 형태로 교육을 진행 할 때에는 강의 계획서 수립 없이도 교육이 가능합니다.

4) 성희롱, 성매매, 성폭력, 가정폭력 예방교육을 통합교육으로 실시하였을 경우, 강의시간도 동시에 단축되나요?

o 각 기관에 법률에 의해 부여된 사항은 성희롱, 성매매, 성폭력, 가정폭력 등의 예방 및 방지에 관한 교육으로서, 공공기관으로서의 책무성에 기반한 의무교육을 성실히 수행하였는지의 점검기준은 '연 1회, 1시간 이상' 교육입니다.

o 따라서, 통합교육을 실시하는 경우, 강의시간이 축소되는 것이 아니라 연간 최소 4시간 이상 교육(초등·대학생은 연간 2시간 이상, 중·고등학생은 연간 3시간 이상)을 실시해야 합니다.

Q 5) 통합교육을 실시할 경우, 평가기준(실적 점검 기준표)은 어떻게 되나요?

A

- o 통합교육을 실시하더라도 교육 결과는 각 교육유형별 실적 점검 기준표를 기준으로 각각 평가하므로, 기관 유형별 적용 대상에 맞는 실적 점검 기준표 〈점검 기준표(A)-일반용, 점검 기준표(B)-학생 포함용〉를 고려하여 교육을 실시하시기 바랍니다.
  * 어린이집·유치원은 통합교육 대상은 아님
- o 특히, 학교의 경우 폭력예방교육 분야별 교육대상이 상이한바(학생 포함 여부), 각 교육분야에 맞는 실적 점검 기준표를 참고하시면 됩니다.

기관 유형		성희롱 예방교육	성폭력 예방교육	가정폭력 예방교육	성매매 예방교육
국가기관 지방자치단체 공직유관단체		①실적 점검 기준표(A) -일반용	①실적 점검 기준표(A) -일반용	①실적 점검 기준표(A) -일반용	①실적 점검 기준표(A) -일반용
학교	초등학교	①실적 점검 기준표(A) -일반용	②실적 점검 기준표(B) -학생 포함용	②실적 점검 기준표(B) -학생 포함용	①실적 점검 기준표(A) -일반용
	중·고등학교	①실적 점검 기준표(A) -일반용	②실적 점검 기준표(B) -학생 포함용	②실적 점검 기준표(B) -학생 포함용	②실적 점검 기준표(B) -학생 포함용
	대학교	①실적 점검 기준표(A) -일반용	②실적 점검 기준표(B) -학생 포함용	②실적 점검 기준표(B) -학생 포함용	①실적 점검 기준표(A) -일반용
유치원·어린이집		(해당없음)	③실적 점검 기준표(C) -유치원·어린이집용	(해당없음)	(해당없음)

〈성희롱 방지 조치 관련 참고사항〉

○ 성희롱 예방교육 의무 기관은 〈실적 점검 기준표(A-1) - 성희롱 방지조치〉에 따라 추가로 해당 실적 점검 (p.102 참조)
  * 국가기관, 지자체, 공직유관단체, 각급 학교는 성희롱 방지조치와 통합할 수 있음

○ 유치원·어린이집은 성폭력 예방교육을 포함한 성폭력 예방조치를 이행해야 하는 기관으로, 〈실적 점검 기준표(A-2)-성폭력 예방조치〉를 적용 (p.103 참조)

9 기타 사항

Q 1) 기관의 신설, 폐지, 통폐합, 기관명칭 변경 등이 발생할 경우 어떻게 해야 하나요?

A

- o 해당기관은 성평등가족부 폭력예방교육과에 전자공문으로 요청하시기 바랍니다.
  - 상위기관명, 기관명, 기관주소, 변동사유, 담당자 연락처 등 필히 기재

  ※ 전자공문 발송 불가능한 경우 해당내용을 공문으로 작성 후, 이메일(shp123@korea.kr)로 발송

Q 2) 예방교육통합관리시스템(shp.mogef.go.kr)의 회원가입방법이 궁금합니다.

A

- o 예방교육통합관리시스템은 기관의 실적입력 담당자가 회원가입시 등록한 공동인증서를 통해 로그인하는 방식으로 운영되고 있습니다.
  - 실적 입력 담당자가 여러명일 경우에는, 각각 회원가입 후 로그인하여 기관의 교육실적을 제출하여 주시기 바랍니다.
  - 인사발령 등으로 기관 이동시에는 〈로그인-회원정보수정〉에서 기관 변경을 신청하시기 바랍니다.

  ※ 예방교육통합관리시스템 관련 문의전화 : (02)2100-6437,6438,6439

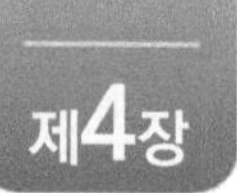

참고자료

【붙임 1】

폭력예방교육 계획서 및 결과보고서(서식)

○○년도 폭력예방교육 기본계획서

1. 운영개요

○ 목적 : *추진근거 등*

○ 교육인원 : *대상인원 ○명, (목표)참여인원 ○명*

※ 전체 OO명, 비정규직OO명, 고위직OO명, 신규자 O명, 학생 OO명

○ 교육분야 : *성희롱, 성매매, 성폭력, 가정폭력 예방교육*

○ 교육방식 : *개별 또는 통합교육*

○ 교육방법 : *전문강사교육, 일반강사교육 시청각교육 내부직원강의, 사이버교육*

2. 세부 추진계획

교육시기	분야	교육방식 (예상)	대상인원 (예상)	교육방법	비고
1분기	성희롱, 성폭력	개별	고위직 16명	전문강사교육(2시간)	고위직 별도교육
2분기	성희롱, 성매매, 성폭력, 가정폭력	통합	신규자 18명	사이버교육(2시간)	
	성희롱, 성매매, 성폭력, 가정폭력	통합	전체 종사자 150명	전문강사교육(2시간) 사이버교육(2시간)	
4분기	고충상담원교육	-	고충상담원 2명	비대면교육	양평원 교육과정

3. 성희롱방지조치 추진계획

○ 고충상담원 지정 및 교육

- *(남) OO명, (여) OO명 지정*
- *(남) OO명, (여) OO명 교육 이수*

○ 고충상담창구 설치

- *ㅁㅁ 부서내 인사 상담실 설치*
- *사이버신고센터 설치 : 네이버 폼 활용 등*

○ 고충심의위원회 운영

- *(남) OO명, (여) OO명 구성 / 상설위원회*

4. 기타 행정사항

○ *성희롱·성폭력 예방지침, 사건처리매뉴얼 비치 등*

〈 작성방법 〉

※ 분야 : 성폭력예방교육, 성희롱예방교육, 가정폭력예방교육, 성매매예방교육

※ 폭력예방교육 의무대상기관의 경우 통합교육이 가능하며, 통합교육을 실시하는 경우 그 내용과 운영 방법에 대한 사전 계획(필요성, 교육내용, 시간, 강사활용 계획 등) 수립 필요

- 전문강사와 사전에 강의계획 및 평가방법에 대한 협의를 통해 교육 질 확보 필요
- 중점 및 개별교육(성폭력, 성희롱, 가정폭력, 성매매)을 포함 연 4시간 이상의 교육 실시

  * 초등·대학생은 성폭력·가정폭력 예방교육을 연 2시간 이상, 중·고등학생은 성폭력·가정폭력·성매매 예방교육을 연 3시간, 어린이집·유치원은 성폭력 예방교육 연 1시간 실시

- 교육 효과성 및 참여율 제고를 위하여 1회 교육보다 다회차 교육 권장

OO년도 폭력예방교육 결과보고서

1. 추진 개요

○ 교육인원 : *대상인원 O명, (실제)참여인원 O명**

** 전체 OO명, 비정규직 OO명, 고위직 OO명, 신규자 O명, 학생 OO명*

○ 교육분야 : *성희롱, 성매매, 성폭력, 가정폭력 예방교육*

○ 교육방식 : *개별 또는 통합교육*

- 통합교육을 실시하는 경우, 중점교육에 대한 세부내용을 표기

○ 교육방법 : *전문강사교육, 일반강사교육, 시청각교육, 내부직원강의, 사이버교육*

2. 세부 교육 추진결과

교육분야 교육방식	일시 (교육시간)	장소	대상	교육인원	교육방법	강사성명 (소속)
가정폭력 성폭력 (개별교육)	*2025.0.00. (2시간)*	*ㅁㅁ 회의실*	*전체 직원*	*(대상) OOO명* *(이수) OO명 (이수율) OO%*	*전문강사 교육*	*OOO (OOO협회)*
성희롱 성매매 성폭력 (통합교육)	*2025.0.00. (4시간)*	*ㅁㅁ 인재개발원*	*신규자*	*(대상) OOO명* *(이수) OO명 (이수율) OO%*	*사이버교육*	
성희롱	*2025.0.00. (1시간)*	*ㅁㅁ 회의실*	*고위직*	*(대상) OOO명* *(이수) OO명 (이수율) OO%*	*내부직원 강의*	

3. 만족도 조사 결과(권고)

○

4. 주요성과 및 건의사항 등(자유롭게 기술)

통합교육 계획서(서식)

※ 내외부 강사, 전문강사 등에 의한 오프라인 교육 시에만 통합교육 계획서 작성

□ 교육 목표 :

□ 수립 배경 :

□ 교육개요(대상인원, 차시구성)

○ 대상인원 : ○명

○ 차시구성 :

□ 강의 계획서*

* 기관의 요청에 따라 통합교육을 하는 강사와 기관이 협의하며 작성

<table>
<tr><td colspan="2" rowspan="3">통합 교육 개요</td><td colspan="2">1. 교육주제</td><td colspan="2">성폭력( ), 가정폭력( ), 성희롱( ), 성매매( ) 예방 통합교육</td></tr>
<tr><td colspan="2">2. 교육대상 및 인원</td><td colspan="2"></td></tr>
<tr><td colspan="2">3. 교육대상 특성 및 강의 주요내요</td><td colspan="2"></td></tr>
<tr><td rowspan="7">0 회 차</td><td rowspan="7">통합 교육</td><td colspan="2">4. 목 차</td><td>세부내용</td><td>시간 배분</td></tr>
<tr><td colspan="2">① 총 론</td><td>•
•
•
•</td><td>분</td></tr>
<tr><td rowspan="4">② 개별교육</td><td>성폭력 예방</td><td>•
•
•</td><td>분</td></tr>
<tr><td>가정폭력 예방</td><td>•
•
•</td><td></td></tr>
<tr><td>성매매 예방</td><td>•
•
•</td><td>분</td></tr>
<tr><td>성희롱 예방</td><td>•
•
•</td><td></td></tr>
<tr><td colspan="2">③ 연계(추가) 교육</td><td>•
•
•</td><td>분</td></tr>
</table>

<table>
<tr><th rowspan="7">0
회
차</th><th rowspan="7">통합
교육</th><th colspan="2">4. 목 차</th><th>주요내용</th><th>시간
배분</th></tr>
<tr><td colspan="2">① 총 론</td><td>•
•
•
•</td><td>분</td></tr>
<tr><td rowspan="4">②
개별교육</td><td>성폭력
예방</td><td>•
•
•</td><td>분</td></tr>
<tr><td>가정폭력
예방</td><td>•
•
•</td><td></td></tr>
<tr><td>성매매
예방</td><td>•
•
•</td><td>분</td></tr>
<tr><td>성희롱
예방</td><td>•
•
•</td><td></td></tr>
<tr><td colspan="2">③ 연계(추가) 교육</td><td>•
•
•</td><td>분</td></tr>
</table>

【붙임 2】

교육만족도 조사

☞ 기본사항(해당되는 곳에 ✔ 표시 또는 직접 기재)		
1. 귀하의 연령은?	만 19세 미만	①영유아 ②초등학생 ③중학생 ④고등학생 ⑤기타
	만 19세 이상	⑥20대 ⑦30대 ⑧40대 ⑨50대 ⑩60대 ⑪70대 이상
2. 귀하의 성별은?	① 남 ② 여	

☞ 해당되는 곳에 ✔ 표시를 하시오(5점 척도)

내 용	①	②	③	④	⑤
3. 교육내용은 교육목적에 적합하였습니까?	매우 그렇다	그렇다	보통	대체로 아니다	전혀 아니다
4. 강사의 강의내용이 잘 전달되었습니까?(해당시 답변)	매우 그렇다	그렇다	보통	대체로 아니다	전혀 아니다
5. 교육자료(강사PPT, 유인물 등)는 도움이 되었습니까?	매우 그렇다	그렇다	보통	대체로 아니다	전혀 아니다
6. 교육이 만족스러웠습니까?	매우 그렇다	그렇다	보통	대체로 아니다	전혀 아니다

7. 예방교육에 보강되어야 할 내용이 있다면 무엇입니까?

8. 귀하는 성추행 등 성폭력 피해로 부터 안전하다고 생각하십니까? 안전하지 않다고 생각하십니까?
① 매우 안전하다 ② 어느 정도 안전하다 ③ 보통이다
④ 그다지 안전하지 않다 ⑤ 모름 / 무응답

9. 귀하는 예방교육이 직장 내 성희롱 예방 분위기를 조성하는 데 도움이 된다고 생각하십니까?
① 매우 도움이 된다 ② 어느 정도 도움이 된다 ③ 보통이다
④ 그다지 도움이 되지 않는다 ⑤ 전혀 도움이 되지 않는다

교육효과성 조사

○ 대상별 설문

① 폭력예방교육(성폭력) 효과성 조사(어린이집·유치원 종사자)

Ⅰ. Knowledge : 지식 및 인지 변화	전혀 그렇지 않다	그렇지 않다	보통이다	그렇다	매우 그렇다
1. 교육 후 성폭력이 무엇인지 더 정확하게 알게 되었다.	①	②	③	④	⑤
2. 교육 후 성폭력을 예방하기 위해 어떻게 해야 하는지 잘 알게 되었다.	①	②	③	④	⑤
3. 교육 후 성폭력 피해가 발생했을 때 어떻게 대처해야 하는지 잘 알게 되었다.	①	②	③	④	⑤
4. 교육 후 원생들이 성폭력에 대해 더 잘 알게 되었다고 생각한다.	①	②	③	④	⑤
Ⅱ. Attitude : 태도 변화	**전혀 그렇지 않다**	**그렇지 않다**	**보통이다**	**그렇다**	**매우 그렇다**
1. 교육 후 성폭력 피해자에게 책임이 없다는 것을 확실히 알게 되었다.	①	②	③	④	⑤
2. 교육 후 성폭력 가해자 처벌이 필요하다고 생각하게 되었다.	①	②	③	④	⑤
3. 교육 후 성별고정관념이 강할 때 성폭력이 더 많이 일어날 수 있다고 생각하게 되었다. * 성별고정관념이란, 성별에 따른 특성이나 역할이 있다고 믿는 사회적 통념	①	②	③	④	⑤
Ⅲ. Behavior : 행동 변화	**전혀 그렇지 않다**	**그렇지 않다**	**보통이다**	**그렇다**	**매우 그렇다**
1. 앞으로 다른 사람을 불편하게 하는 말이나 행동을 하지 않을 것이다.	①	②	③	④	⑤
2. 앞으로 폭력적인 말이나 행동을 하지 않을 것이다.	①	②	③	④	⑤
3. 앞으로 폭력 예방과 대응을 위한 주변인의 역할을 수행할 것이다.	①	②	③	④	⑤
Ⅳ. 만족도	**전혀 그렇지 않다**	**그렇지 않다**	**보통이다**	**그렇다**	**매우 그렇다**
1. 교육 내용은 교육 목적에 부합하였다.	①	②	③	④	⑤
2. 교육 방법은 학습에 적절하였다.	①	②	③	④	⑤
3. 이 교육은 우리 사회를 안전한 사회로 만드는 데 필요하다고 생각한다.	①	②	③	④	⑤
4. 이번 교육에 전반적으로 만족한다.	①	②	③	④	⑤
5. 교육이 만족스럽지 않았다면 그 이유는 무엇인가? ① 강의 내용이 너무 어려워서 이해하기 힘들었다. ② 이미 알고 있는 이야기여서 새롭게 배운 것이 없다. ③ 강의 진행 방식이 지루해서 집중하기 어려웠다. ④ 강의 내용이 부실하고 성의가 없었다. ⑤ 기타					
6. 강의와 관련한 개선점 및 요구사항, 폭력예방을 위해 필요하다고 생각하는 것이 있으시면 자유롭게 제안해 주세요.					

② 폭력예방교육(성폭력, 가정폭력) 효과성 조사(초등학생)

Ⅰ. Knowledge : 지식 및 인지 변화	전혀 그렇지 않다	그렇지 않다	보통 이다	그렇다	매우 그렇다
1. 교육 후 성폭력·가정폭력이 무엇인지 더 정확하게 알게 되었다.	①	②	③	④	⑤
2. 교육 후 성폭력·가정폭력을 예방하기 위해 어떻게 해야 하는지 잘 알게 되었다.	①	②	③	④	⑤
3. 교육 후 성폭력·가정폭력이 일어났을 때 어떤 도움을 받을 수 있는지 잘 알게 되었다.	①	②	③	④	⑤
4. 교육 후 교제폭력, 딥페이크 등의 디지털 성범죄, 스토킹범죄에 대해 더 잘 알게 되었다.	①	②	③	④	⑤
Ⅱ. Attitude : 태도 변화	**전혀 그렇지 않다**	**그렇지 않다**	**보통 이다**	**그렇다**	**매우 그렇다**
1. 교육 후 성폭력·가정폭력 피해자에게 책임이 없다는 것을 확실히 알게 되었다.	①	②	③	④	⑤
2. 교육 후 성폭력·가정폭력 가해자 처벌이 필요하다고 생각하게 되었다.	①	②	③	④	⑤
3. 교육 후 디지털 성범죄·스토킹범죄·교제폭력범죄가 일어나지 않도록 주의해야겠다고 생각하게 되었다.	①	②	③	④	⑤
4. 교육 후 성별고정관념이 강할 때 성폭력·가정폭력이 더 많이 일어날 수 있다고 생각하게 되었다. * 성별고정관념이란, "남자는 씩씩해야 해", "아이는 여자가 키워야 해"와 같이 성별에 따라 해야 하는 역할이나 특성이 있다고 생각하는 것	①	②	③	④	⑤
Ⅲ. Behavior : 행동 변화	**전혀 그렇지 않다**	**그렇지 않다**	**보통 이다**	**그렇다**	**매우 그렇다**
1. 앞으로 다른 사람을 불편하게 하는 말이나 행동을 하지 않을 것이다.	①	②	③	④	⑤
2. 앞으로 폭력적인 말이나 행동을 하지 않을 것이다.	①	②	③	④	⑤
3. 앞으로 성폭력이나 가정폭력을 목격하게 되면 모른 척 하지 않고 주변에 알릴 것이다.	①	②	③	④	⑤
4. 앞으로 스마트폰이나 인터넷을 사용할 때 다른 사람을 공격하거나 불편하게 하는 글, 사진, 영상 등을 올리지 않을 것이다.	①	②	③	④	⑤
Ⅳ. 만족도	**전혀 그렇지 않다**	**그렇지 않다**	**보통 이다**	**그렇다**	**매우 그렇다**
1. 강사 선생님의 이야기를 잘 이해할 수 있었다.	①	②	③	④	⑤
2. 지루하지 않고 재미있게 교육을 받았다.	①	②	③	④	⑤
3. 이 교육은 우리 사회를 안전한 사회로 만드는 데 필요하다고 생각한다.	①	②	③	④	⑤
4. 이번 교육이 만족스러웠다.	①	②	③	④	⑤
5. 교육이 만족스럽지 않았다면 그 이유는 무엇인가? ① 강의 내용이 너무 어려워서 이해하기 힘들었다. ② 이미 알고 있는 이야기여서 새롭게 배운 것이 없다. ③ 강의 진행 방식이 지루해서 집중하기 어려웠다. ④ 강의 내용이 부실하고 성의가 없었다. ⑤ 기타					
6. 강의와 관련한 개선점 및 요구사항, 폭력예방을 위해 필요하다고 생각하는 것이 있으시면 자유롭게 제안해 주세요.					

③ 폭력예방교육(성폭력, 가정폭력, 성매매) 효과성 조사 (중·고등학생)

Ⅰ. Knowledge : 지식 및 인지 변화	전혀 그렇지 않다	그렇지 않다	보통 이다	그렇다	매우 그렇다
1. 교육 후 성폭력·가정폭력·성매매가 무엇인지 더 정확하게 알게 되었다.	①	②	③	④	⑤
2. 교육 후 성폭력·가정폭력·성매매를 예방하기 위해 어떻게 해야 하는지 잘 알게 되었다.	①	②	③	④	⑤
3. 교육 후 성폭력·가정폭력·성매매 피해가 발생했을 때 어떻게 대처해야 하는지 잘 알게 되었다.	①	②	③	④	⑤
4. 교육 후 교제폭력, 딥페이크 등의 디지털 성범죄, 스토킹범죄에 대해 더 잘 알게 되었다.	①	②	③	④	⑤
Ⅱ. Attitude : 태도 변화	**전혀 그렇지 않다**	**그렇지 않다**	**보통 이다**	**그렇다**	**매우 그렇다**
1. 교육 후 성폭력·가정폭력·성매매 피해자에게 책임이 없다는 것을 확실히 알게 되었다.	①	②	③	④	⑤
2. 교육 후 성폭력·가정폭력·성매매 가해자 처벌이 필요하다고 생각하게 되었다.	①	②	③	④	⑤
3. 교육 후 디지털 성범죄·스토킹범죄·교제폭력범죄가 발생하지 않도록 주의해야겠다고 생각하게 되었다.	①	②	③	④	⑤
4. 교육 후 성별고정관념이 강할 때 성폭력·가정폭력·성매매가 더 많이 발생할 수 있다고 생각하게 되었다. * 성별고정관념이란, "남자는 씩씩해야 해", "아이는 여자가 키워야 해"와 같이 성별에 따라 해야 하는 역할이나 특성이 있다고 생각하는 것	①	②	③	④	⑤
Ⅲ. Behavior : 행동 변화	**전혀 그렇지 않다**	**그렇지 않다**	**보통 이다**	**그렇다**	**매우 그렇다**
1. 앞으로 다른 사람을 불편하게 하는 말이나 행동을 하지 않을 것이다.	①	②	③	④	⑤
2. 앞으로 폭력적인 말이나 행동을 하지 않을 것이다.	①	②	③	④	⑤
3. 앞으로 성폭력이나 가정폭력을 목격하게 되면 모른 척 하지 않고 주변에 알릴 것이다.	①	②	③	④	⑤
4. 앞으로 스마트폰이나 인터넷을 사용할 때 다른 사람을 공격하거나 불편하게 하는 글, 사진, 영상 등을 올리지 않을 것이다.	①	②	③	④	⑤
Ⅳ. 만족도	**전혀 그렇지 않다**	**그렇지 않다**	**보통 이다**	**그렇다**	**매우 그렇다**
1. 교육 내용을 잘 이해할 수 있었다.	①	②	③	④	⑤
2. 수업 방식은 지루하지 않고 흥미로웠다.	①	②	③	④	⑤
3. 이 교육은 우리 사회를 안전한 사회로 만드는 데 필요하다고 생각한다.	①	②	③	④	⑤
4. 이번 교육에 전반적으로 만족한다.	①	②	③	④	⑤
5. 교육이 만족스럽지 않았다면 그 이유는 무엇인가? ① 강의 내용이 너무 어려워서 이해하기 힘들었다. ② 이미 알고 있는 이야기여서 새롭게 배운 것이 없다. ③ 강의 진행 방식이 지루해서 집중하기 어려웠다. ④ 설명이나 자료가 부족하고 성의가 없었다. ⑤ 기타					
6. 강의와 관련한 개선점 및 요구사항, 폭력예방을 위해 필요하다고 생각하는 것이 있으시면 자유롭게 제안해 주세요.					

④ 폭력예방교육(성폭력, 가정폭력) 효과성 조사 (대학생)

Ⅰ. Knowledge : 지식 및 인지 변화	전혀 그렇지 않다	그렇지 않다	보통 이다	그렇다	매우 그렇다
1. 교육 후 성폭력·가정폭력이 무엇인지 더 정확하게 알게 되었다.	①	②	③	④	⑤
2. 교육 후 성폭력·가정폭력을 예방하기 위해 어떻게 해야 하는지 잘 알게 되었다.	①	②	③	④	⑤
3. 교육 후 성폭력·가정폭력 피해가 발생했을 때 어떻게 대처해야 하는지 잘 알게 되었다.	①	②	③	④	⑤
4. 교육 후 교제폭력, 딥페이크 등의 디지털 성범죄, 스토킹범죄에 대해 더 잘 알게 되었다.	①	②	③	④	⑤
Ⅱ. Attitude : 태도 변화	**전혀 그렇지 않다**	**그렇지 않다**	**보통 이다**	**그렇다**	**매우 그렇다**
1. 교육 후 성폭력·가정폭력의 피해자에게 책임이 없다는 것을 확실히 알게 되었다.	①	②	③	④	⑤
2. 교육 후 성폭력·가정폭력의 가해자 처벌이 필요하다고 생각하게 되었다.	①	②	③	④	⑤
3. 교육 후 디지털 성범죄·스토킹범죄·교제폭력범죄가 발생하지 않도록 주의해야겠다고 생각하게 되었다.	①	②	③	④	⑤
4. 교육 후 성별고정관념이 강할 때 성폭력·가정폭력이 더 많이 일어날 수 있다고 생각하게 되었다. * 성별고정관념이란, 성별에 따른 특성이나 역할이 있다고 믿는 사회적 통념	①	②	③	④	⑤
Ⅲ. Behavior : 행동 변화	**전혀 그렇지 않다**	**그렇지 않다**	**보통 이다**	**그렇다**	**매우 그렇다**
1. 앞으로 다른 사람을 불편하게 하는 말이나 행동을 하지 않을 것이다.	①	②	③	④	⑤
2. 앞으로 폭력적인 말이나 행동을 하지 않을 것이다.	①	②	③	④	⑤
3. 앞으로 폭력 예방과 대응을 위한 주변인의 역할을 수행할 것이다.	①	②	③	④	⑤
4. 앞으로 온라인 상에서 다른 사람을 공격하거나 불편하게 하는 글, 사진, 영상 등을 올리지 않을 것이다.	①	②	③	④	⑤
Ⅳ. 만족도	**전혀 그렇지 않다**	**그렇지 않다**	**보통 이다**	**그렇다**	**매우 그렇다**
1. 교육 내용은 교육 목적에 부합하였다.	①	②	③	④	⑤
2. 교육 방법은 학습에 적절하였다.	①	②	③	④	⑤
3. 이 교육은 우리 사회를 안전한 사회로 만드는 데 필요하다고 생각한다.	①	②	③	④	⑤
4. 이번 교육에 전반적으로 만족한다.	①	②	③	④	⑤
5. 교육이 만족스럽지 않았다면 그 이유는 무엇인가? ① 강의 내용이 너무 어려워서 이해하기 힘들었다. ② 이미 알고 있는 이야기여서 새롭게 배운 것이 없다. ③ 강의 진행 방식이 지루해서 집중하기 어려웠다. ④ 강의 내용이 부실하고 성의가 없었다. ⑤ 기타					
6. 강의와 관련한 개선점 및 요구사항, 폭력예방을 위해 필요하다고 생각하는 것이 있으시면 자유롭게 제안해 주세요.					

⑤ 폭력예방교육(성희롱, 성폭력, 가정폭력, 성매매) 효과성 조사(학교 및 공공기관종사자)

Ⅰ. Knowledge : 지식 및 인지 변화	전혀 그렇지 않다	그렇지 않다	보통 이다	그렇다	매우 그렇다
1. 교육 후 성희롱·성폭력·가정폭력·성매매가 무엇인지 더 정확하게 알게 되었다.	①	②	③	④	⑤
2. 교육 후 성희롱·성폭력·가정폭력·성매매를 예방하기 위해 어떻게 해야 하는지 잘 알게 되었다.	①	②	③	④	⑤
3. 교육 후 성희롱·성폭력·가정폭력·성매매 피해가 발생했을 때 어떻게 대처해야 하는지 잘 알게 되었다.	①	②	③	④	⑤
4. 교육 후 교제폭력, 딥페이크 등의 디지털 성범죄, 스토킹범죄에 대해 더 잘 알게 되었다.	①	②	③	④	⑤
Ⅱ. Attitude : 태도 변화	**전혀 그렇지 않다**	**그렇지 않다**	**보통 이다**	**그렇다**	**매우 그렇다**
1. 교육 후 성희롱·성폭력·가정폭력·성매매 피해자에게 책임이 없다는 것을 확실히 알게 되었다.	①	②	③	④	⑤
2. 교육 후 성희롱·성폭력·가정폭력·성매매 가해자 처벌이 필요하다고 생각하게 되었다.	①	②	③	④	⑤
3. 교육 후 디지털 성범죄·스토킹범죄·교제폭력범죄가 발생하지 않도록 주의해야겠다고 생각하게 되었다.	①	②	③	④	⑤
4. 교육 후 성별고정관념이 강할 때 성희롱·성폭력·가정폭력· 성매매가 더 많이 일어날 수 있다고 생각하게 되었다.	①	②	③	④	⑤
Ⅲ. Behavior : 행동 변화	**전혀 그렇지 않다**	**그렇지 않다**	**보통 이다**	**그렇다**	**매우 그렇다**
1. 앞으로 다른 사람을 불편하게 하는 말이나 행동을 하지 않을 것이다.	①	②	③	④	⑤
2. 앞으로 폭력적인 말이나 행동을 하지 않을 것이다.	①	②	③	④	⑤
3. 앞으로 폭력 예방과 대응을 위한 주변인의 역할을 수행할 것이다.	①	②	③	④	⑤
4. 앞으로 온라인 상에서 다른 사람을 공격하거나 불편하게 하는 글, 사진, 영상 등을 올리지 않을 것이다.	①	②	③	④	⑤
Ⅳ. 만족도	**전혀 그렇지 않다**	**그렇지 않다**	**보통 이다**	**그렇다**	**매우 그렇다**
1. 교육 내용은 교육 목적에 부합하였다.	①	②	③	④	⑤
2. 교육 방법은 학습에 적절하였다.	①	②	③	④	⑤
3. 이 교육은 우리 사회를 안전한 사회로 만드는 데 필요하다고 생각한다.	①	②	③	④	⑤
4. 이번 교육에 전반적으로 만족한다.	①	②	③	④	⑤
5. 교육이 만족스럽지 않았다면 그 이유는 무엇인가? ① 강의 내용이 너무 어려워서 이해하기 힘들었다. ② 이미 알고 있는 이야기여서 새롭게 배운 것이 없다. ③ 강의 진행 방식이 지루해서 집중하기 어려웠다. ④ 강의 내용이 부실하고 성의가 없었다. ⑤ 기타					
6. 강의와 관련한 개선점 및 요구사항, 폭력예방을 위해 필요하다고 생각하는 것이 있으시면 자유롭게 제안해 주세요.					

【붙임 3】

예방교육 콘텐츠 개발·보급 및 추천 콘텐츠 현황

교육프로그램 개발·보급

가. 일반원칙

○ 성평등가족부는 성폭력 등 폭력예방교육을 효과적으로 실시하기 위하여 관계 부처와 협의하여 대상별 맞춤형 교육프로그램을 개발·보급

- 생애주기별 교육프로그램 개발·보급 등의 업무를 수행하고 지원하기 위한 기관을 설치·운영할 수 있음

※ 위탁기관 : 공모를 통해 사업수행기관 선정

○ 누구든지 법률에 제시된 교육내용에 대하여 교육자료를 제작·보급할 수 있으며, 절차에 따라 성평등가족부(위탁기관)의 우수콘텐츠로 추천받을 수 있음

- 추천콘텐츠를 사용한 경우 실적점검 항목상의 배점 부여

※ 추천 콘텐츠 활용 시 가점(2점, 어린이집·유치원 10점)

나. 폭력예방교육 표준콘텐츠 개발·보급

□ 개요

○ 성평등가족부가 개발·보급하는 교육 콘텐츠는 전문강사가 예방교육 수행 시 강의의 효과성을 제고할 목적으로, 그리고 교육대상기관의 교육담당자가 교육 계획 수립 시 참조할 수 있도록 안내하고자 제작·보급

- 폭력예방교육을 효과적으로 실시하기 위하여 매년 교육 대상별 특성과 생애주기, 직급 등을 고려한 신규 폭력예방교육 자료를 제작·보급
- 교육 콘텐츠는 예방교육통합관리(https://shp.mogef.go.kr) '교육 자료실'을 통해 제공

□ 관련 법률에 제시된 각 영역별 교육내용

구분	근거	내 용
성희롱 예방교육	「양성평등기본법 시행령」 제19조제1항	• 성희롱 예방에 관한 법령 • 성희롱 발생시 처리 절차 및 조치기준 • 성희롱 피해자에 대한 고충상담 및 구제절차 • 성희롱 행위자에 대한 징계 등 제재조치 • 그 밖에 성희롱 예방에 필요한 사항
성매매 예방교육	「성매매방지 및 피해자 보호 등에 관한 법률 시행령」 제2조제3항	• 성평등 관점에 따른 건전한 성의식 및 성문화에 관한 사항 • 성매매 방지 및 처벌에 관한 법령의 내용 • 성매매 목적의 인신매매 예방에 관한 사항 • 그 밖에 성에 대한 건전한 가치관 함양과 성매매 예방에 필요한 사항
성폭력 예방교육	「성폭력방지 및 피해자 보호 등에 관한 법률 시행령」 제2조제3항	• 건전한 성의식 및 성문화의 창달에 관한 사항 • 성인지 관점에서의 성폭력예방에 관한 사항 • 성폭력방지를 위한 관련 법령의 소개 및 홍보에 관한 사항 • 그 밖에 성에 대한 건전한 가치관 함양과 성폭력예방에 필요한 사항 • (아동·청소년이 교육 대상인 경우)성폭력 위기 상황에 대응할 능력을 향상시킬 수 있는 교육 내용
가정폭력 예방교육	「가정폭력방지 및 피해자보호 등에 관한 법률 시행령」 제1조의2제3항	• 정상적인 가정생활의 영위와 가족구성원 관계의 유지 및 발전에 관한 사항 • 성인지(性認知) 관점에서의 가정폭력 예방에 관한 사항 • 가정폭력 방지를 위한 관련 법령의 소개 및 홍보에 관한 사항 • 그 밖에 정상적인 가정생활을 위한 건전한 가치관 함양과 가정폭력 예방에 필요한 사항 • (아동이 교육 대상인 경우) 가정폭력 위기 상황에 대응할 능력을 향상시킬 수 있는 교육 내용

□ 기타 자료 활용

○ 강사는 교육 콘텐츠의 일부 내용 및 사례 등을 교육 목적의 범위 내에서 생략, 대체, 수정하여 사용할 수 있음

- (방향) 강사는 교육 콘텐츠의 내용에 상응하는 사례 및 통계를 사용할 수 있으며, 이 경우 되도록 과학적 근거를 가진 최신 자료에 대한 충분히 신뢰성 검토를 거쳐 사용하여야 하며 책임은 강사에 있음
- (원칙) 교육 콘텐츠에 수록된 관련 법규와 사례, 실태, 통계 등 현황 정보를 강의 수행 시기에 맞게 업데이트하여, 교육생에게 정확한 정보를 제공할 수 있도록 함

다. 교육프로그램 개발 관련 의견 제출

○ 교육 콘텐츠에 수록된 핵심메시지 및 활용방안 등은 현재까지 마련된 최소한의 원칙으로서, 향후 대상별 세분류 등을 통한 단계별 작업이 지속될 것이며, 강사 및 각계 전문가 그룹의 적극적인 참여가 필요함

- 자발적인 의견개진 등 자율적 참여를 위한 다양한 통로를 통해 다각도로 수렴해 나갈 예정이며, 각 기관에서 개발한 리플렛, 동영상, 교재 등도 추천 콘텐츠 제도 등을 통해 활용이 가능함

※ 가점 대상인 폭력예방교육 추천 콘텐츠는 '성평등가족부 홈페이지' 및 '예방교육 통합관리' 내 교육 자료실을 통해 지속적으로 업데이트할 예정임

○ 성평등가족부는 지속적으로 교육내용에 대한 점검을 통해 만족도 및 교육효과성 제고

- (1단계) 성평등가족부 예방교육통합관리시스템(https://shp.mogef.go.kr/)에 입력한 전년도 분야별 의무교육 실시관련 사항(강좌명, 강사, 교육내용, 추진 방법, 만족도 조사결과, 요구사항 등) 점검
- (2단계) 예방교육통합관리(https://shp.mogef.go.kr) '교육 자료실'에 수록된 추천콘텐츠 활용여부 점검
- (3단계) 기관의 전년도 교육현황 및 요구사항 등을 점검하여 전문강사와 함께 교육과정을 설계
- (4단계) 전문강사는 대상별로 적합한 폭력예방교육 콘텐츠의 내용을 참고하고 분야별 콘텐츠을 활용하여 교육 실시
- (5단계) 교육 실시 후 교육만족도 조사 등 평가를 통한 교육만족도 도출 및 적극적 성과관리

☞ **폭력예방교육 콘텐츠 관련 의견수렴 및 교육자료 개발 제안** ▸ (담당기관) 한국양성평등교육진흥원 ▸ (대표연락처) contents@kigepe.or.kr

2 폭력예방교육 추천콘텐츠 제도 운영

□ 목적 및 필요성

○ (목적) 폭력예방교육 활성화에 따른 교육품질관리 강화를 위해 민간 등에서 개발한 우수콘텐츠 발굴·보급으로 교육효과성 및 수요자 만족도 제고

○ (필요성) 대상별 추천콘텐츠 발굴·보급을 통한 예방교육 수용성 제고

- 현장기관 등에서 개발·활용 중인 우수콘텐츠의 수요자 접근성 강화
- 대상별 효과적 교육을 위한 신뢰성 있는 프로그램 발굴 및 활용 강화
- 선정과정에서 전문가 및 수요자 의견 조사 등을 통해 콘텐츠 품질제고

□ 추천콘텐츠 추진 개요

○ 추천콘텐츠 공모

- 추천콘텐츠 선정을 위한 상반기 공모 실시
- 추천콘텐츠 목록 수시 현행화

※ 추천콘텐츠 목록을 예방교육통합관리 사이트(http://shp.mogef.go.kr) 공지사항 내 게시

○ 선정대상

- 각 부처 및 공공기관에서 개발·활용 중인 콘텐츠
- 현장단체 및 민간기관에서 개발·활용 중인 콘텐츠

○ 심사위원 구성

- 영역별 학계 및 현장전문가를 통한 콘텐츠 내용 및 전문성 평가

○ 선정절차

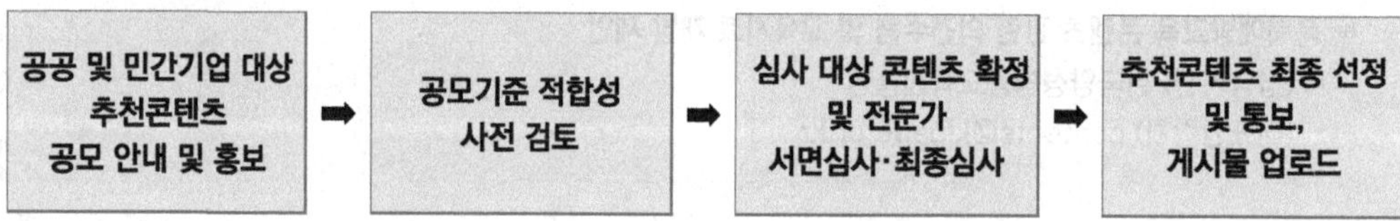

○ 심사절차

구분	사전검토	서면심사	최종 심사회의
심사 및 검토자	한국양성평등교육진흥원, 수요자 등	전문가 심사단	전문가 심사단
기준	사전 공지된 공모기준 적합성 검토(정확성, 효과성, 저작권, 접근성 등)	콘텐츠 목표 및 내용구성 (목표, 성인지관점, 동기부여 등)	콘텐츠 선정의 적절성 및 쟁점논의

○ 심사 및 선정기준

- (심사기준) 콘텐츠의 관점 및 내용, 방법, 효용 등 콘텐츠 전반
- (선정기준) 서면심사에서 심사위원의 합산 평균점수 70점 이상(100점 만점)인 콘텐츠 우선 선정 후 심사회의에서 최종 의견을 수렴하여 선정

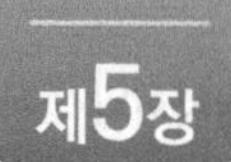

예방교육통합관리시스템 안내

1 주의 사항

○ 2026년 기관에서 실시한 폭력 예방교육 실적을 예방교육통합관리시스템을 통해 입력·제출함

○ 교육 증빙자료로는 교육계획서 및 교육실시 결과보고서 등을 첨부

2 추진실적 입력 방법

○ 예방교육통합관리시스템(https://shp.mogef.go.kr)에 접속

[그림 1] 기관 사용자 로그인 화면

○ [그림 1]과 같이 예방교육실적 입력 로그인을 통해 기관 유형별로 로그인

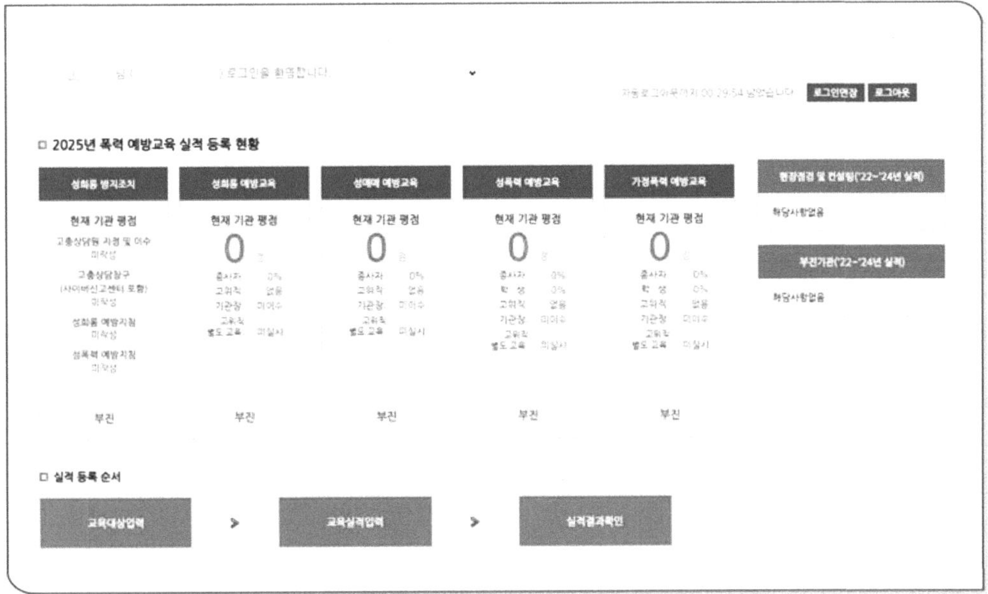

[그림 2] 예방교육 실적 등록 현황 화면

○ [그림 2]의 예방교육 실적 등록 현황 화면에서 교육대상 입력 및 교육 유형별 (성희롱 방지조치, 성희롱·성매매·성폭력·가정폭력 예방교육) 교육실적의 입력·조회가 가능함

2025년 교육대상 인원 입력 (성평등가족부)

HOME > 예방교육실적 등록 > 교육대상 인원 입력

□ 교육대상 인원 입력

총 종사자 0 명 [0] 명

※ 교육대상 인원은 2025.12.31 기준으로 기관에 소속된 사람의 총 수임.
※ 총 종사자는 기관장 포함한 전 종사자(고위직, 신규자, 비정규직 등 모두 포함), 외부에서 파견 온 상주인원, 용역직원

고위직 ○유 [0] 명 ◉무

기관유형	고위직 분류
공통	부기관장 외에 다음가는 등급(직급)으로 실질적으로 업무를 책임지는 부서장까지 포함
중앙부처(본부)	부기관장, 고위공무원 또는 이에 준하는 직위 등 (예 : 차관, 실장, 국장, 정책관)
중앙부처 일선기관	(일선경찰서) 경무과장, 여성청소년과장 등 과장급까지 (일선세무서) 재산세과장, 조사과장 등 과장급까지 (일선우체국) 우편물류과장, 영업과장 등 과장급과 각 읍·면·동 우체국장 (일선소방서) 소방행정과장 등 과장급과 각 119안전센터장 (교도소·구치소) 총무과장 등 각 과장급까지 (지방고용노동청·지청) 고용센터장 및 지역협력과장 등 과장급까지 (지방병무청) 운영지원과장, 병역판정검사과장 등 각 과장급까지 (지방보훈청·지청) 총무과장, 보훈과장 등 과장급까지
법원, 검찰, 경찰	부기관장, 고위공무원 또는 이에 준하는 직위 등 (법원) 부장판사, 판사, 사무국장 등 (검찰) 부장검사, 검사, 사무국장 등 (경찰) 차장, 부장 등
지방법원, 지방검찰청 등	(지방법원지원) 부장판사, 판사, 사무과장 등 (지방검찰청지청) 부장검사, 검사, 사무과장 등
지자체, 지방의회	(광역) 부시장·부지사, 실장, 국장 등 (기초) 부시장·부군수·부구청장, 실장, 국장, 과장(읍·면·동장 포함) 등 (지방의회) 지방의회의원, 사무국장 등
교육청	(교육청) 부교육감, 국장, 과장 등 (교육지원청) 국장, 과장 등
공직유관단체	부기관장, 부기관장 외에 다음가는 부서장 (예) 부기관장, 임원 및 본부장급, 인재경영처장 등
초·중·고교	교감 및 부장교사, 행정실장 ※주의: '고위직'과 '고위직 별도교육' 대상자 다름 -고위직 별도교육 대상: 교장, 교감 및 행정실장
대학	부총장, 단과대 학장, 실·처장, 부속 기관장, 센터장 및 전임교원 (정교수, 부교수, 조교수) ※주의: '고위직'과 '고위직 별도교육' 대상자 다름 -고위직 별도교육 대상: 총장, 부총장, 단과대 학장, 실·처장, 부속 기관장, 센터장 등

고위직 없음 사유 ※고위직 공통기준 : 부기관장 외에 다음가는 등급(직급)으로 실질적으로 업무를 책임지는 부서장까지 포함 (직급과 관계 없음)

고위직 없음 증빙자료 (조직도, 조직현황표 등) [파일추가]

비정규직 ○유 [0] 명 ◉무 인턴, 사회복무요원, 무기계약(공무직) · 기간제 · 시간제 근로자, 용역직원, 방과 후 교사 등을 포함

신규자 ○유 [0] 명 ◉무 당해연도 신규 임용 · 채용된 자. 임용일로부터 2개월 이내에 교육을 실시하여야 함

[저장] [목록]

[그림 3] 교육대상 입력 화면

○ [그림 2]의 예방교육 실적 등록 현황 화면에서 '교육대상 입력' 버튼을 클릭하여 [그림 3]의 교육대상 입력 화면으로 이동. 총 종사자, 고위직, 비정규직, 신규자, 학생 등 교육대상 인원을 기재할 수 있음

※ 고위직 '무'로 선택한 경우 사유와 증빙자료를 제출

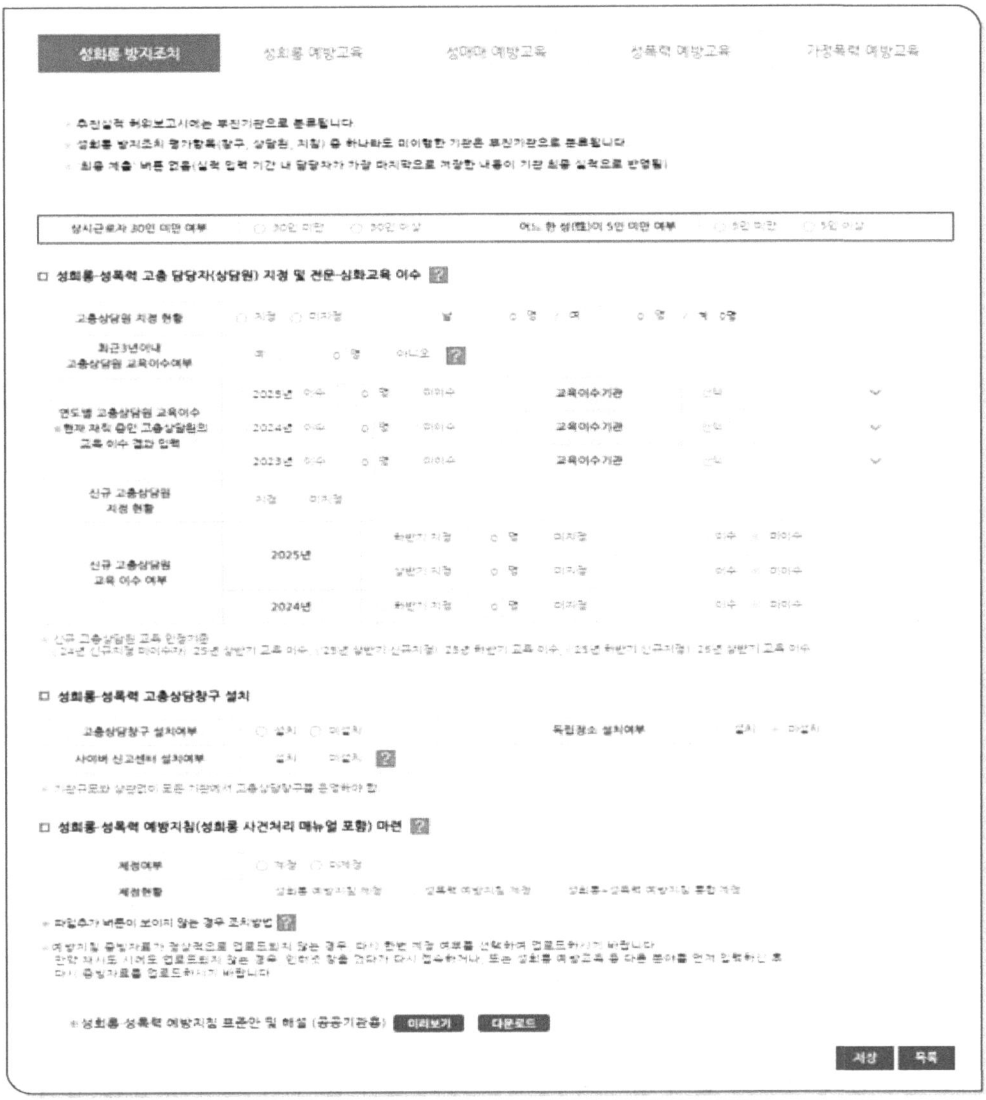

성희롱 방지조치 | 성희롱 예방교육 | 성매매 예방교육 | 성폭력 예방교육 | 가정폭력 예방교육

□ 성희롱·성폭력 고충 담당자(상담원) 지정 및 전문·심화교육 이수

고충상담원 지정 현황

최근3년이내 고충상담원 교육이수여부

연도별 고충상담원 교육이수

신규 고충상담원 지정 현황

신규 고충상담원 교육 이수 여부

□ 성희롱·성폭력 고충상담창구 설치

고충상담창구 설치여부

독립장소 설치여부

사이버 신고센터 설치여부

□ 성희롱·성폭력 예방지침(성희롱 사건처리 매뉴얼 포함) 마련

제정여부

제정현황

※ 성희롱·성폭력 예방지침 표준안 및 해설 (공공기관용) 미리보기 다운로드

저장 목록

[그림 4] 성희롱 방지조치 실적등록 화면

○ 교육대상 인원을 입력 후, [그림 2] 하단의 '교육실적 입력'버튼을 클릭하여 [그림 4]의 성희롱 방지조치 실적 탭으로 이동. 해당 기관의 ① 성희롱·성폭력 고충상담원 지정 및 교육 이수 여부, ② 성희롱·성폭력 고충상담창구 설치, ③ 자체 성희롱 및 성폭력 예방 지침 마련에 대해 항목별로 작성 후 저장

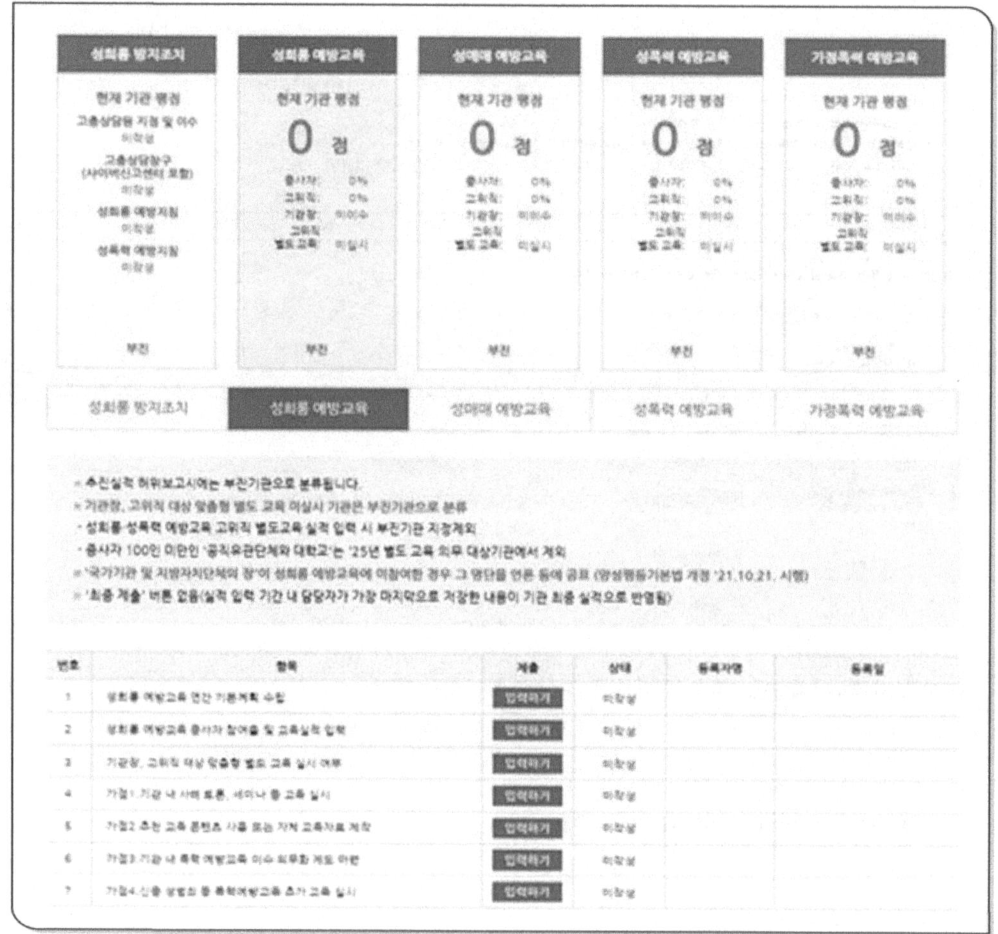

[그림 5] 폭력 예방교육 실적등록 화면

○ 성희롱 방지조치 실적 입력 후, [그림 5] 화면과 같이 각 교육 유형별(성희롱, 성매매, 성폭력, 가정폭력 예방교육) 탭으로 차례대로 이동한 후, 각 항목별로 '입력하기'버튼을 클릭하여 교육실적 결과를 제출

○ 특히, '기관장, 고위직 대상 맞춤형 별도 교육 실시 여부' 항목의 미실시 기관은 부진기관으로 분류 및 언론 공표 대상임

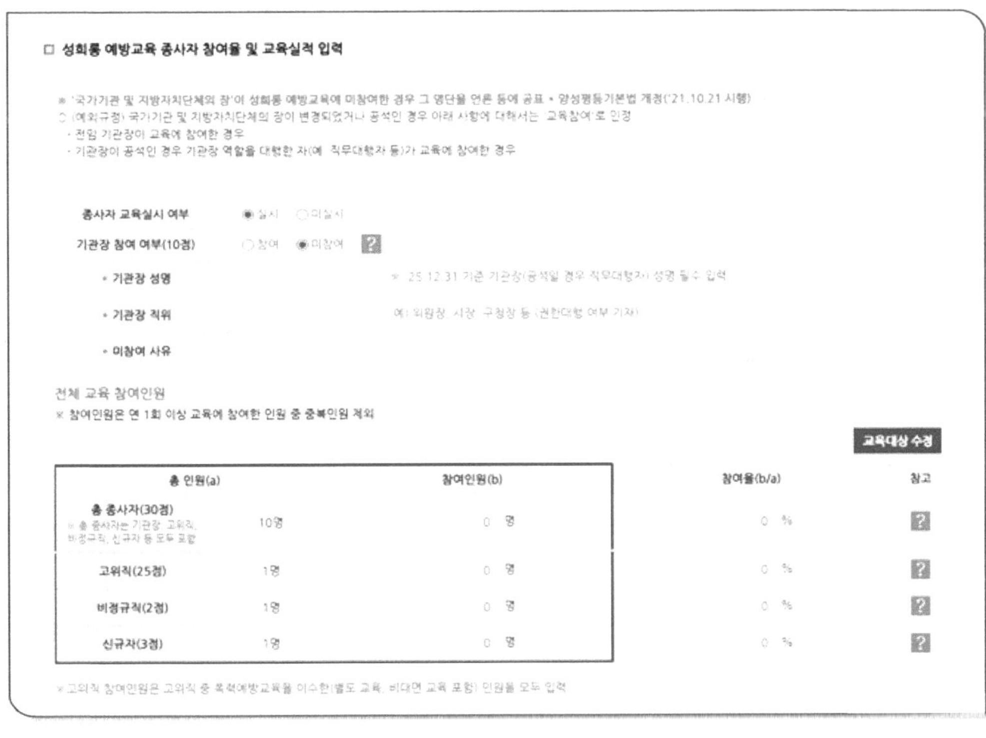

□ 성희롱 예방교육 종사자 참여율 및 교육실적 입력

※ '국가기관 및 지방자치단체의 장'이 성희롱 예방교육에 미참여한 경우 그 명단을 언론 등에 공표 • 양성평등기본법 개정('21.10.21 시행)
○ (예외규정) 국가기관 및 지방자치단체의 장이 변경되었거나 공석인 경우 아래 사항에 대해서는 '교육참여'로 인정
- 전임 기관장이 교육에 참여한 경우
- 기관장이 공석인 경우 기관장 역할을 대행한 자(예: 직무대행자 등)가 교육에 참여한 경우

종사자 교육실시 여부 ◉ 실시 ○ 미실시

기관장 참여 여부(10점) ○ 참여 ◉ 미참여 ?

• 기관장 성명 ※ '25.12.31 기준 기관장(공석일 경우 직무대행자) 성명 필수 입력

• 기관장 직위 예) 위원장, 시장, 구청장 등 (권한대행 여부 기재)

• 미참여 사유

전체 교육 참여인원
※ 참여인원은 연 1회 이상 교육에 참여한 인원 중 중복인원 제외

교육대상 수정

총 인원(a)		참여인원(b)	참여율(b/a)	참고
총 종사자(30점) ※ 총 종사자는 기관장, 고위직, 비정규직, 신규자 등 모두 포함	10명	0 명	0 %	?
고위직(25점)	1명	0 명	0 %	?
비정규직(2점)	1명	0 명	0 %	?
신규자(3점)	1명	0 명	0 %	?

※ 고위직 참여인원은 고위직 중 폭력예방교육을 이수한(별도 교육, 비대면 교육 포함) 인원을 모두 입력

[그림 6] 폭력 예방교육 실적등록 화면

○ '전체 종사자 참여율 및 교육실적 입력' 항목에서는 [그림 6]과 같이 참여인원, 교육 방법, 교육 날짜, 결과보고서 등의 교육 실적 내용을 등록할 수 있음

○ 특히, '국가기관 및 지방자치단체의 장'이 '성희롱 예방교육'에 미참여한 경우 그 명단이 언론 등에 공표되므로, 성명, 직위, 사유를 제출해야 함 (「양성평등기본법」 개정, '21.10.21. 시행)

교육실적입력

교육실시 횟수	1회 삭제		
교육분야	○개별(성희롱) ◉통합 ☑성희롱 ☐성매매 ☐성폭력 ☐가정폭력		
통합교육 세부내용 ?	◉포함 ○미포함 ☑교제 폭력 ☑스토킹 범죄 ☑디지털 성범죄(딥페이크 등) ☑2차 피해 예방교육		
기관장 참여 여부	○참여 ◉미참여	교육 참여인원	0 명
교육시간	0 분	교육일자	~ ※2025년(1~12월)만 입력 가능(전 기관 공통)
교육방법	선택		
결과보고서 첨부	파일추가 결과보고서는 교육 시행여부*를 알 수 있는 내용으로 부서장의 결재를 득하여 제출 ※ 추진개요, 세부 교육추진결과(일시, 직급별 교육대상 및 참여인원, 교육방법), 활용 교육교재 등의 내용을 포함하여야 함 ※ 주민등록번호 등 개인정보 및 엑셀파일 제출 불가		

※금융 상품 판촉 등 영업과 연계한 무료 성희롱·성폭력 예방교육의 경우, 제도 취지를 훼손하거나 교육내용의 부실 우려가 높음에 따라 무료교육 실시기관은 해당교육을 불인정하고 부진기관으로 지정함.

※금융 상품 판촉 등 영업과 연계한 무료 성희롱·성폭력 예방교육 실시여부 ○예 ◉아니오

※통합교육 실적 입력시, 각 유형별 평균 교육시간을 제출해야 함

파일추가 버튼이 보이지 않는 경우 조치방법 ?

횟수추가

저장 목록

[그림 7] 폭력 예방교육 통합교육 실적등록 화면

○ 통합교육 실적 제출은 [그림 7]과 같이 교육실적 입력에서 교육 분야를 '통합'으로 선택한 후, 통합교육 실시 분야를 체크하여 회차별 교육실적 결과를 입력할 수 있음(회차별 통합교육 실적은 통합 실시 분야에 대해 자동 반영됨). 단, 교육 참여율은 각 교육 유형별 탭의 '전체 종사자 참여율 및 교육실적 입력' 항목에서 추가로 입력해야 함

○ 같은 방식으로 입력하면 폭력 예방교육(성희롱, 성매매, 성폭력, 가정폭력) 기관 실적 입력이 모두 완료됨

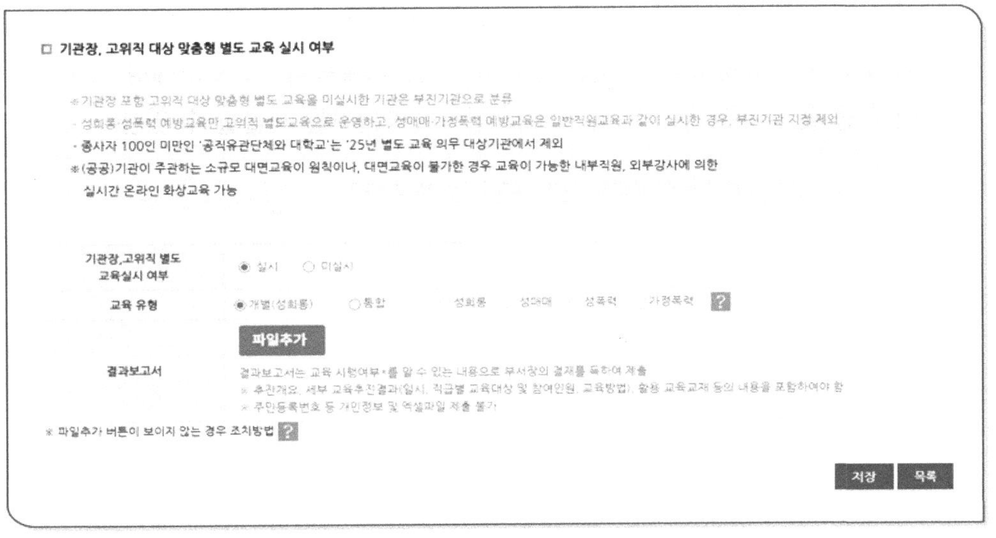

□ 기관장, 고위직 대상 맞춤형 별도 교육 실시 여부

※기관장 포함 고위직 대상 맞춤형 별도 교육을 미실시한 기관은 부진기관으로 분류
- 성희롱·성폭력 예방교육만 고위직 별도교육으로 운영하고, 성매매·가정폭력 예방교육은 일반직원교육과 같이 실시한 경우, 부진기관 지정 제외
· 종사자 100인 미만인 '공직유관단체와 대학교'는 '25년 별도 교육 의무 대상기관에서 제외
※(공공)기관이 주관하는 소규모 대면교육이 원칙이나, 대면교육이 불가한 경우 교육이 가능한 내부직원, 외부강사에 의한 실시간 온라인 화상교육 가능

기관장,고위직 별도 교육실시 여부 ◉ 실시 ○ 미실시

교육 유형 ◉ 개별(성희롱) ○ 통합 성희롱 성매매 성폭력 가정폭력 ?

결과보고서 파일추가
결과보고서는 교육 시행여부*를 알 수 있는 내용으로 부서장의 결재를 득하여 제출
※ 추진개요, 세부 교육추진결과(일시, 직급별 교육대상 및 참여인원, 교육방법), 활용 교육교재 등의 내용을 포함하여야 함
※ 주민등록번호 등 개인정보 및 엑셀파일 제출 불가

※ 파일추가 버튼이 보이지 않는 경우 조치방법 ?

저장 목록

[그림 8] 기관장, 고위직 대상 맞춤형 별도 교육 실적등록 화면

○ '기관장, 고위직 대상 맞춤형 별도 교육 실시 여부' 입력 항목에서 [그림 8]과 같이 별도 교육 실시 여부와 결과보고서를 입력할 수 있음

※ 기관장, 고위직 대상 별도 교육 미실시 기관은 부진기관으로 분류

□ 가점4.신종 범죄 등 폭력예방교육 추가 교육 실시

※딥페이크 등 디지털 성범죄 예방, 교제 폭력, 스토킹 예방, 2차 피해 예방 등 신종 범죄 등 폭력예방교육을 의무교육시간 외 별도로 실시한 경우 가점 부여
- 고위직 대상 별도 교육은 가점 부여 대상 아님 (의무 실시 교육)
- 수사기관의 2차 피해 예방 및 스토킹 예방교육은 가점 부여 대상 아님 (의무 실시 교육)

신종 범죄 등 폭력예방교육 추가 교육실시 (5점) ◉ 실시 ○ 미실시

교육 내용
□ ① 딥페이크 등 디지털 성범죄 예방
□ ② 교제 폭력 예방
□ ③ 스토킹 예방
□ ④ 2차 피해 예방 등 기타

결과보고서 파일추가

※ 파일추가 버튼이 보이지 않는 경우 조치방법 ?

저장 목록

[그림 9] 신종 범죄 등 폭력예방교육 추가 교육 실적등록 화면

○ '신종 범죄 등 폭력예방교육 추가 교육 실시' 항목에서는 [그림 9]와 같이 신종 범죄 등 폭력예방교육(디지털 성범죄 예방, 교제폭력, 스토킹 예방, 2차 피해 예방 등)을 의무교육시간 외 별도로 실시하였는지를 제출할 수 있음

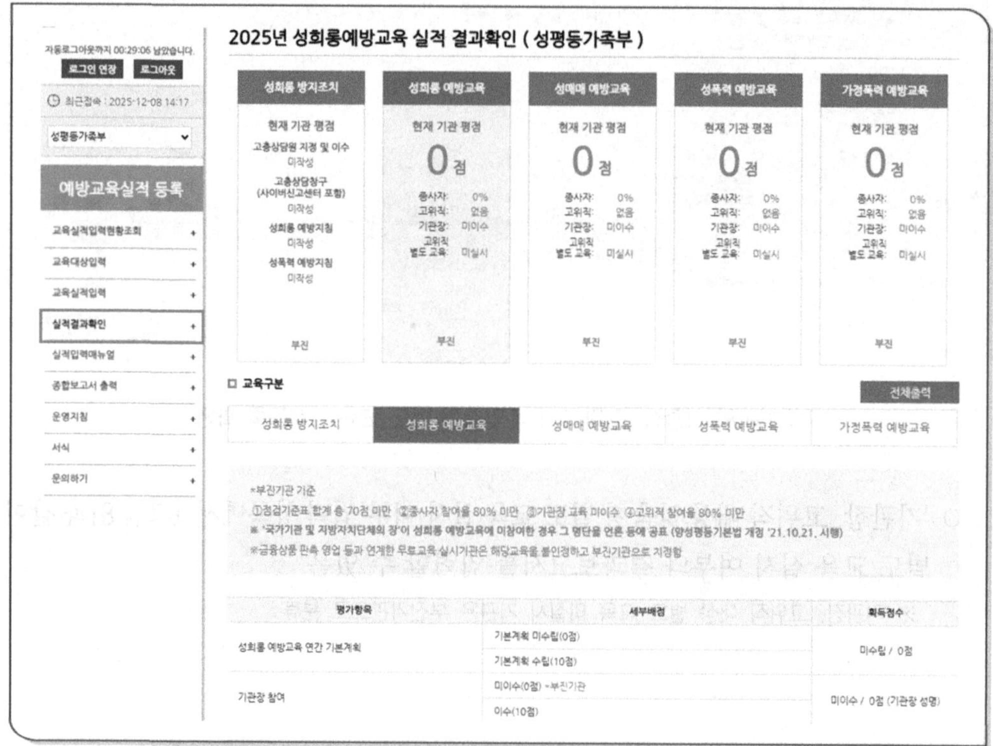

[그림 10] 실적 결과 확인 화면

○ 각 항목별 교육실적 입력을 완료한 후, 각 교육 유형별 '실적 결과 확인'을 클릭하면 [그림 10]과 같이 항목별 점수 및 총점을 확인할 수 있음

○ 국가기관 및 지방자치단체의 경우 성희롱 예방교육에 미참여한 기관장 성명을 확인할 수 있음

3 전문강사 및 교육자료 찾기

○ 한국양성평등교육진흥원(www.kigepe.or.kr)에 등록·위촉된 '폭력예방 통합교육' 분야 전문강사를 조회할 수 있음

[그림 11] 전문강사 찾기 화면

○ 예방교육통합관리시스템의 교육 자료실을 통해 성평등가족부에서 직접 제작하거나 타부처, 민간 기관에서 직접 제작 또는 활용 중인 교육 콘텐츠를 교육 대상 및 교육 분야, 문서 유형별로 조회 및 다운로드할 수 있음

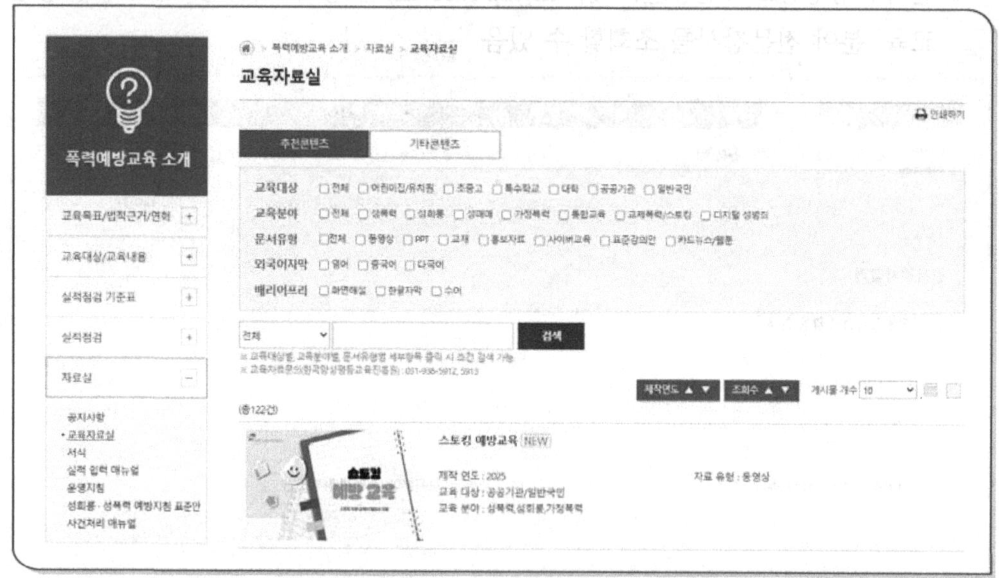

[그림 12] 폭력 예방교육 콘텐츠 찾기 화면

4 소속 및 산하기관 관리

○ 소속기관을 관리하는 상위기관(본부)의 경우 '소속기관 실적관리'를 클릭하면 [그림 13]과 같이 소속 및 산하기관에 대한 기관 정보와 각 교육 유형별 추진실적 평가점수, 실적 입력 여부, 세부 항목별 점수 등을 조회할 수 있음

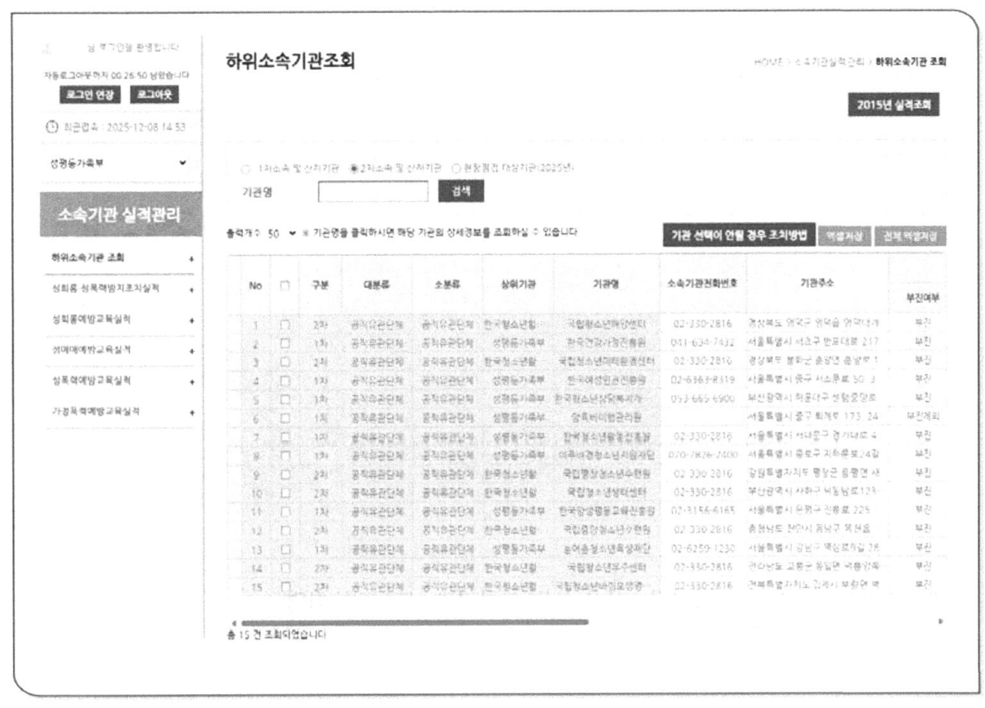

[그림 13] 소속 및 산하기관 관리 화면

○ 소속·산하기관의 실적을 확인하고자 하는 경우 [그림 14]와 같이 ① 교육 유형별 '예방교육 실적'버튼을 클릭하면 소속·산하기관의 추진실적 평가점수를 조회할 수 있으며, ② 소속·산하기관 명을 더블 클릭하면 선택한 기관의 실적 입력 화면으로 이동하여 조회 가능함

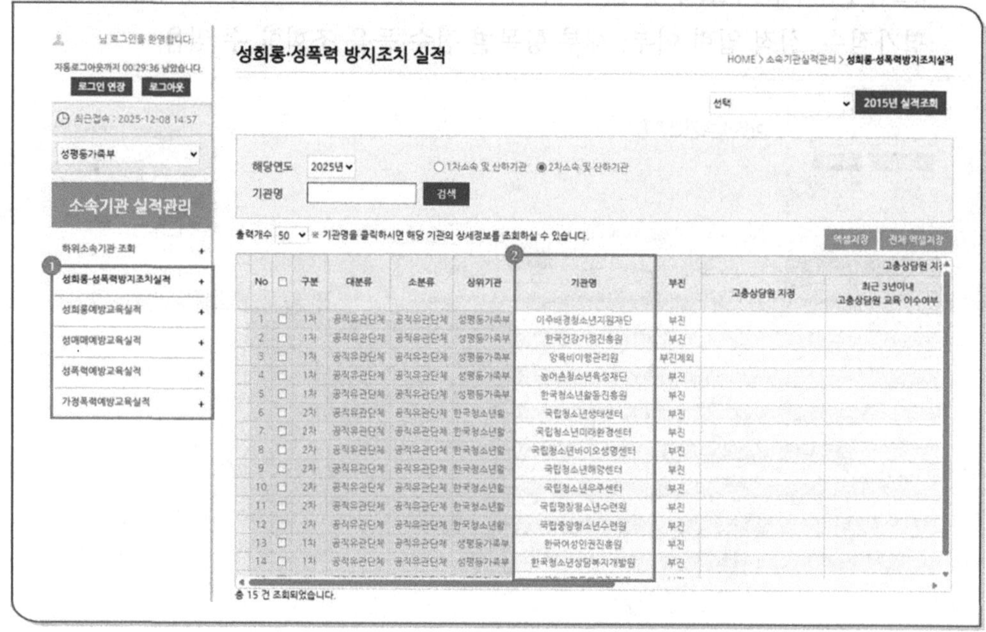

[그림 14] 소속 및 산하기관 실적 조회 화면

5 기관별 폭력 예방교육 실적 정보 검색

○ 폭력 예방교육 실적은 예방교육통합관리시스템에 공개되어 누구나 확인할 수 있음. 예방교육통합관리시스템(shp.mogef.go.kr)에서 '예방교육 홈페이지'로 접속하여 '공공기관 예방교육 실시 정보' 버튼을 선택함

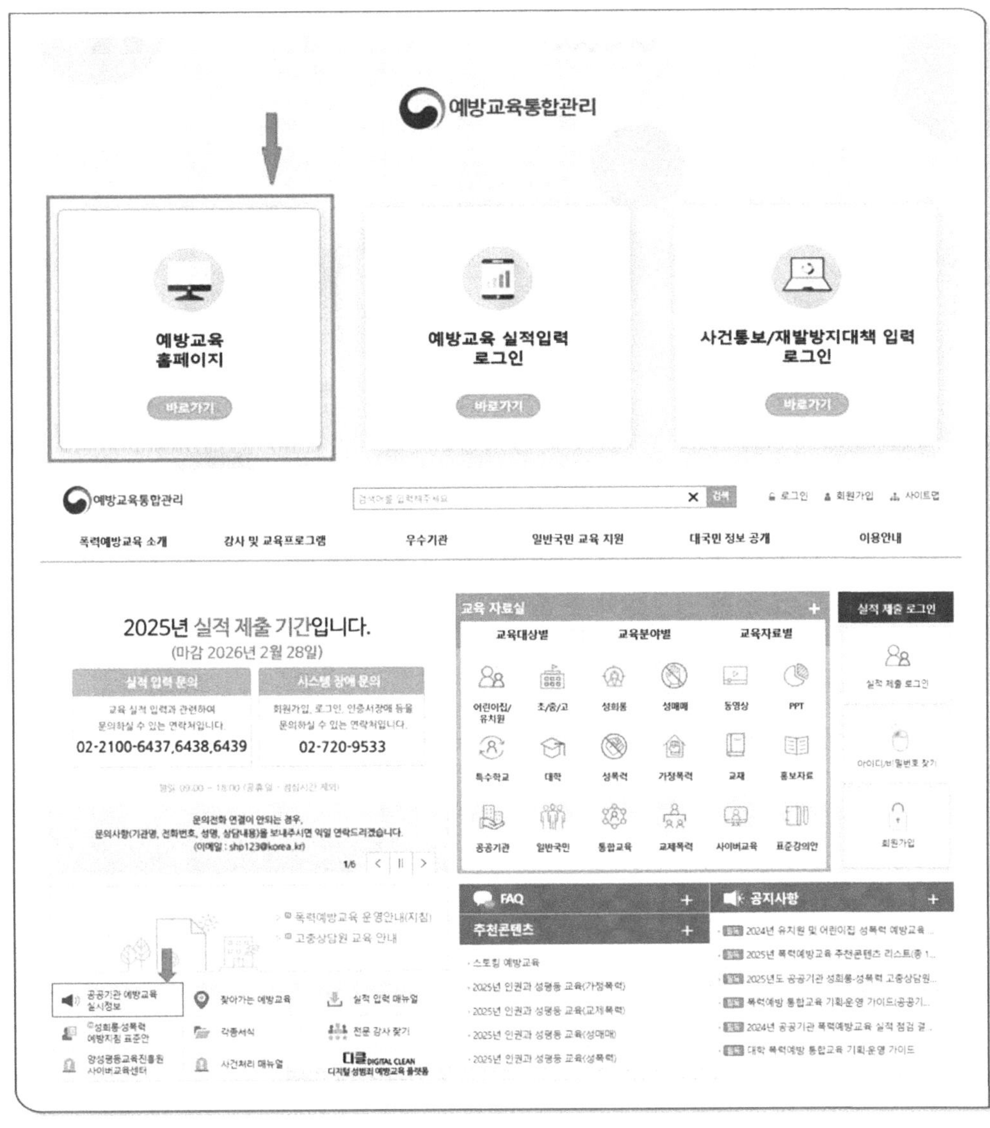

[그림 15] 공공기관 예방교육 실시 정보 이동 화면

○ 기관 검색창에 조회하고자 하는 기관명을 검색하여 선택함

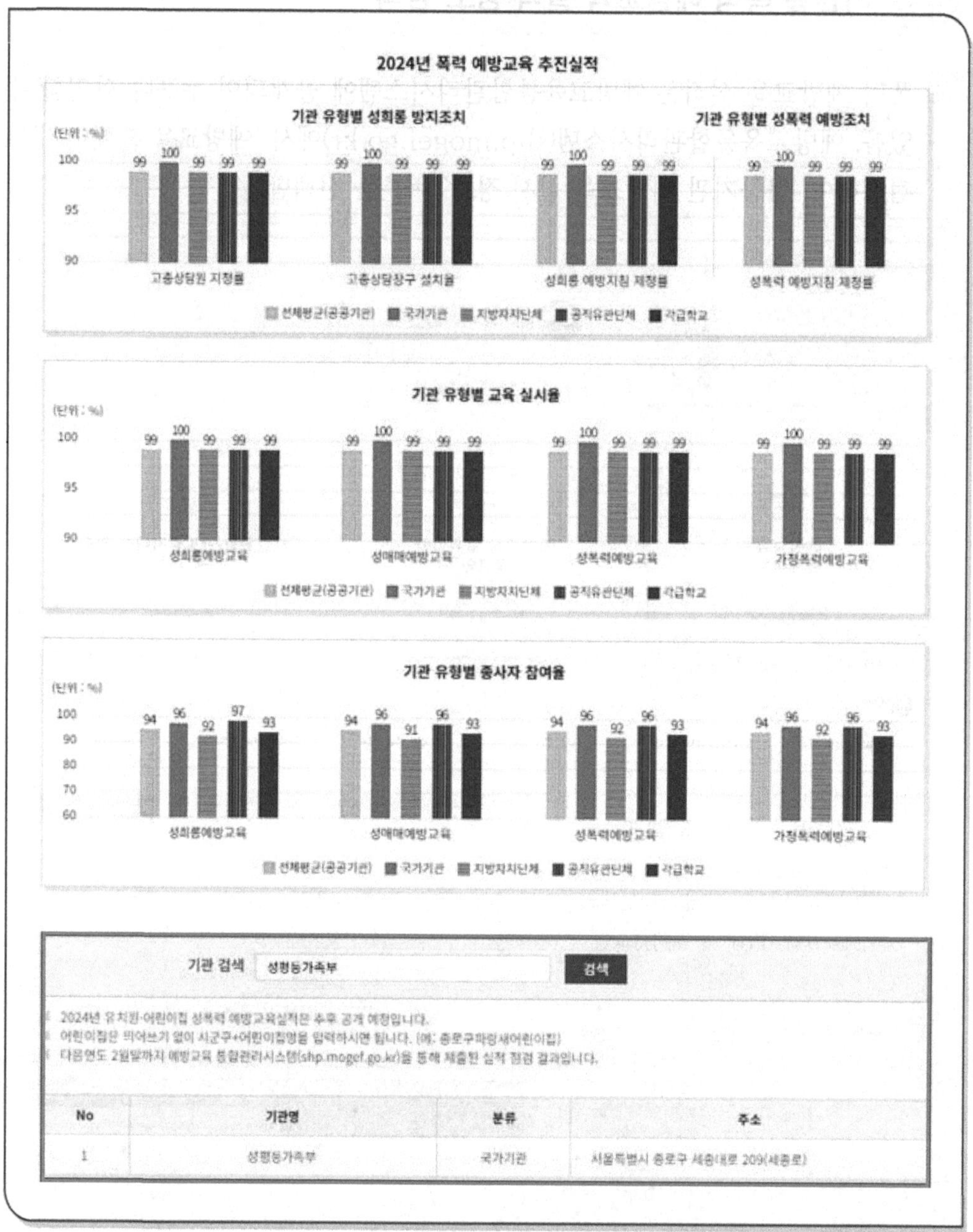

[그림 16] 공공기관 예방교육 기관 검색 화면

○ 조회한 기관의 교육 유형별, 연도별 실적을 조회할 수 있음

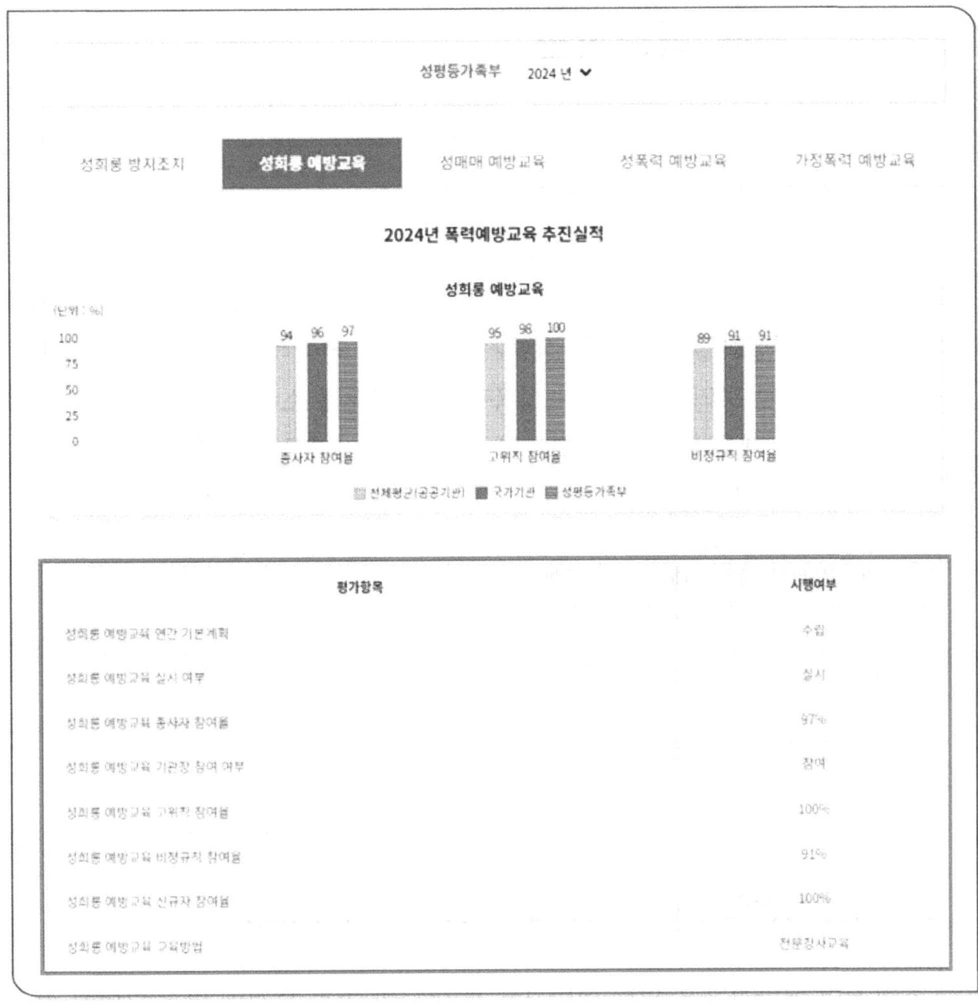

평가항목	시행여부
성희롱 예방교육 연간 기본계획	수립
성희롱 예방교육 실시 여부	실시
성희롱 예방교육 종사자 참여율	97%
성희롱 예방교육 기관장 참여 여부	참여
성희롱 예방교육 고위직 참여율	100%
성희롱 예방교육 비정규직 참여율	91%
성희롱 예방교육 신규자 참여율	100%
성희롱 예방교육 교육방법	전문강사교육

[그림 17] 공공기관 예방교육 실적 조회 화면

제6장 기관 협조사항

1 주무기관의 소속·산하기관 관리 철저

○ 소속기관 및 산하단체의 성희롱 방지조치 및 성폭력 예방조치 이행, 폭력 예방교육 등이 내실화될 수 있도록 상급기관(본부)의 적극적인 관심과 관리 요청

- 중앙부처 및 광역자치단체는 성폭력 예방계획에 소속·산하기관 관리 사항 반영. 특히 체육 관련 단체를 운영, 감독하는 기관은 선수 및 지도자도 교육 대상으로 포함 권장

※ 중앙부처 및 광역자치단체는 성폭력방지 및 피해자보호 등에 관한 법률 개정(2016년)에 따라 2017년부터 성폭력 예방계획 의무화

- 소속기관(산하단체)으로부터 「예방교육통합관리시스템(shp.mogef.go.kr)」 등에 의한 교육실적을 주기적으로 보고 받아 지침 이행 독려

※ 상급기관은 통합관리시스템의 '소속기관 실적관리' 메뉴를 통해 소속기관 현황(평가점수, 항목별 추진실적 등)을 조회할 수 있음

2 기관 특성에 맞는 다양한 교육 방식을 적극 활용

○ 효과적인 예방교육을 위해 대면교육 뿐 아니라 기관 특성에 맞는 다양한 교육 방법도 적극 활용

- 대면교육을 권장하지만 기관 내 여건이나 환경 등에 맞는 효과적인 교육방법을 활용하여 자유롭게 교육 실시 가능
- 예방교육의 목적에 부합하고 전달효과가 높다면 뮤지컬, 연극, 토론, 영화, 세미나 등 형식에 얽매이지 않고 기관의 자율적인 판단에 따라 교육 시행 가능

※ 토론, 세미나, 연극(인형극 포함), 뮤지컬 등 성인지 민감성 제고 및 폭력예방 관련 공연에 의한 교육방법을 활용한 경우에는 일반강사와 동일한 교육방법으로 인정하고 가점 8점 부여

○ 폭력예방교육은 주입 위주의 교육이 아닌 자유로운 토론중심의 교육이 되어야 더 효과적임
- 교수, 실·국장급 등의 고위직을 중심으로 실제 사례에 대한 토론 및 세미나 등을 통한 교육 권장

3 교육 콘텐츠 추천 및 활용

○ 성평등가족부 홈페이지(http://www.mogef.go.kr) 및 예방교육 통합관리 시스템(https://shp.mogef.go.kr) '교육자료'을 통해 제공
- 성평등가족부에서 직접 제작하거나 타 부처, 민간기관에서 직접 제작 또는 활용중인 우수 교재·프로그램

○ 우수 교재·프로그램을 사용한 경우에는 가점 부여(2점, 어린이집·유치원 10점)
※ 폭력예방교육 추천 콘텐츠 목록은 예방교육 통합관리시스템 내 '공지사항'을 통해 상시 안내

○ 각 기관에서 직접 제작 또는 활용중인 우수 교재·프로그램이 있는 경우 적극 발굴

4 영업 등과 연계한 무료교육으로 부실운영이 발생되지 않도록 유의

○ 금융 상품 판촉 등 영업과 연계한 무료 성희롱·성폭력 예방교육으로 제도 취지를 훼손하거나 교육내용의 부실 우려가 높음(각 교육은 연 1회 1시간 이상 교육)
- 공공기관으로서 사회적 책무성에 기초한 교육인 만큼 내실 있는 예방교육이 실시될 수 있도록 기관차원의 관심과 노력 요청
- 금융상품 판촉 영업 등과 연계한 무료교육 실시기관은 해당교육을 불인정 ('18년 신설)

5 폭력 예방교육 시 디지털 성범죄, 친족에 의한 성폭력 방지, 스토킹, 교제폭력, 향정신성 약물을 이용한 성범죄에 관한 내용 포함

○ 성폭력 예방교육 시 불법촬영행위 및 불법영상물 유포행위의 위험성, 디지털 성범죄 처벌에 대한 내용 등 디지털 성범죄 예방을 위한 전반적인 내용과 친족에 의한 성폭력, 향정신성 약물을 이용한 성범죄에 관한 내용을 포함하여 교육 실시

○ 아동·청소년이용음란물의 근절 필요성, 처벌에 대한 내용 등(「아동·청소년의 성보호에 관한 법률」 제11조)을 포함하여 성폭력 예방교육 실시

○ 의무적으로 실시하는 공공부문 성폭력·가정폭력 예방교육에 스토킹, 교제폭력 예방에 관한 내용을 포함하여 실시

6 성매매 예방교육을 실시할 경우, 성매매 대상자가 되는 아동·청소년은 '피해자'임을 포함

○ 「아동청소년의 성보호에 관한 법률」 개정('20.11.20 시행)에 따라 종전에 피해자 또는 처분의 대상이었던 아동·청소년을 '피해자'로 규정함에 따라 이를 포함하여 교육 실시

- 위 법률 제2조제6의2 신설에 따라 제13조(성을 사는 행위 등), 제14조(강요행위) 및 제15조(알선영업행위 등)에 규정된 범죄의 대상이 되는 아동·청소년 모두 피해자에 해당됨

○ 또한, 피해자는 「아동·청소년의 성보호에 관한 법률」 제47조의2(성매매 피해 아동·청소년 지원센터의 설치) 규정에 따라 전담기관에서 보호받을 수 있음을 포함하여 교육 실시

7 신규자 교육과정 등에 예방교육 관련 교과목 개설

○ 신규자의 경우 임용일로부터 2개월 이내 교육을 실시하여야 하며, 운영 효율을 위해 연수원, 교육청 등의 '신규직원 O·T' 커리큘럼에 관련 교과목 개설 권고

○ 각 대학에서는 신입생들에게 양성평등 의식을 제고하고 성희롱·성폭력 발생을 예방하기 위해 신입생 오리엔테이션 프로그램으로 성희롱·성폭력 등 폭력예방 교육이 실시될 수 있도록 협조

- 성희롱·성폭력 예방, 성인지 감수성 및 양성평등 인식 강화 등의 내용으로 교육구성
- 자체 제작 폭력예방교육 콘텐츠 활용 또는 성평등가족부에서 제공하는 '추천 콘텐츠' 활용

※ 성평등가족부 홈페이지(www.mogef.go.kr) 및 예방교육 통합관리시스템(shp.mogef.go.kr) '교육자료실'을 통해 제공

8 일반국민에 대한 폭력예방교육 홍보

○ 찾아가는 폭력예방교육 지역지원기관을 통해 성희롱·성매매·성폭력·가정폭력·교제폭력 예방교육 등을 받을 수 있으니, 교육 기회 및 접근성이 부족한 일반국민의 많은 참여가 이루어질 수 있도록 지방자치단체 및 교육청에서는 관련 사항 홍보 협조

- 전국 17개 시·도의 '지역 폭력예방교육 지원기관(18개소)'에서 '찾아가는 폭력예방교육' 운영

※ 찾아가는 폭력예방교육 지역지원기관 대표전화 : 1661-6005

※ 교육일 14일 전까지 시·도별 교육지원기관에 전화 또는 온라인 신청(shp.mogef.go.kr)

○ 민간 사업장의 사용자에게도 직장 내 성폭력 예방을 위해 예방교육을 실시하는 등 노력 의무가 신설된 만큼 건강한 직장 문화 조성에 적극 협조

※ 「성폭력방지 및 피해자보호 등에 관한 법률」 제5조제3항 개정('15.2.3.)

9 폭력예방교육 현장점검 및 컨설팅 실시에 따른 협조

○ 국가기관, 지자체, 학교, 공직유관단체 등 폭력예방교육 의무기관을 대상으로 실적에 대한 현장점검과 점검결과에 기반한 향후 폭력예방교육의 보완·개선 방안 컨설팅 실시
(폭력예방교육 분야 외부 전문가가 대상기관을 직접 방문)
- 예방교육 계획 수립 여부, 종사자 참여율, 고위직 참여율, 성희롱 방지조치(자체 성희롱 예방지침 마련, 고충상담창구 설치, 고충상담원 지정) 등
- 대상기관 폭력예방교육 방향 설계, 성희롱·성폭력 방지조치 개선안 권고 등

10 폭력예방교육 실시 전 예방교육 취지 안내

○ 폭력예방교육을 주관하는 기관의 운영자(담당자)가 교육을 진행하는 당일 현장에서 예방교육의 목적이나 취지 등을 교육참석자들에게 충분히 안내하여 폭력예방교육이 원활하게 진행되고 교육의 효과성이 제고되도록 운영 협조

11 직장 내 성희롱·성폭력 등 예방교육 시 조합 의견 수렴

○ 정부기관은 직장 내 성희롱·성폭력 등 예방을 위해 연 1회 이상 정기적인 교육을 실시하여야 하며, 교육 강사 선정, 시기와 방법 등에 대하여 조합의 의견을 수렴하여 실시

※ 「2008 정부교섭」 단체협약('19.1.21.) 체결

12 성폭력 예방교육 참여에 관한 사항을 인사관리에 반영 협조

○ 국가기관등의 장은 성폭력 예방교육의 참여에 관한 사항을 소속 직원 및 종사자에 대한 승진, 전보, 교육훈련 등의 인사관리에 반영할 수 있으므로, 인사제도 운영 시 협조

> **※「성폭력방지 및 피해자보호 등에 관한 법률」제5조 ('21.7.13일 시행)**
>
> 제5조(성폭력 예방교육 등) ① 국가기관 및 지방자치단체의 장, 「유아교육법」 제7조에 따른 유치원의 장, 「영유아보육법」 제10조에 따른 어린이집의 원장, 「초·중등교육법」 제2조에 따른 각급 학교의 장, 「고등교육법」 제2조에 따른 학교의 장, 그 밖에 대통령령으로 정하는 공공단체의 장(이하 "국가기관등의 장"이라 한다)은 대통령령으로 정하는 바에 따라 성교육 및 성폭력 예방교육 실시, 기관 내 피해자 보호와 피해 예방을 위한 자체 예방지침 마련, 사건발생 시 재발방지대책 수립·시행 등 필요한 조치를 하고, 그 결과를 성평등가족부장관에게 제출하여야 한다.
>
> **③ 국가기관등의 장은 제1항에 따라 실시하는 성교육 및 성폭력 예방교육의 참여에 관한 사항을 소속 직원 및 종사자에 대한 승진, 전보, 교육훈련 등의 인사관리에 반영할 수 있다.**

13 강사 행동준칙

○ 폭력예방교육 시 일부 강사에 의한 편향성 교육, 혐오성 발언 등으로 인해 폭력 예방교육 취지 및 신뢰가 훼손되는 사례가 발생한다는 언론보도와 관련하여 아래와 같이 강사 행동준칙(안)을 마련하여 제공함

- 교육 실시기관은 행동준칙(안)을 참조하여 기관 사정에 맞는 자체 강사 행동준칙을 마련·시행함으로써 폭력예방교육이 교육 목적에 부합하게 운영될 수 있도록 적극적인 관심과 협조를 요청 드림(권고)

> **- 강사 행동준칙(안) -**
>
> 1) (폭력예방교육 중심) 폭력예방교육의 취지를 깊이 인식하고, 이에 부합하는 교육 수행
> 2) (인권·다양성 존중) 인권과 다양성을 존중하며, 차별적이고 혐오적인 발언을 철저히 배제
> 3) (객관성과 중립성) 교육 내용과 방법에 객관성 및 중립성과 함께 편향성을 엄격히 배제
> 4) (전문성 강화) 전문성을 바탕으로 정확한 정보를 제공하고 지속적으로 자기 역량 개발
> 5) (교육생 존중) 피교육생의 신뢰를 우선으로 모든 질문과 의견에 대해 존중하는 태도로 응대
> 6) (일반적 행동준칙) 관련 법령을 준수하며 부적절한 언행이나 표현 등에 유의하여 교육

강사 행동준칙 시행(예시)

강사 행동준칙 유의사항 확인서(예시)

본인은 성폭력방지법 등 관련 법령에서 따라 시행하는 폭력예방교육을 수행함에 있어서 폭력예방교육 목적을 깊이 인식하고 강사로서 아래 사항을 유의하겠습니다.

- 아 래 -

1) (폭력예방교육 중심) 폭력예방교육의 취지를 깊이 인식하고, 이에 부합하는 교육 수행

2) (인권·다양성 존중) 인권과 다양성을 존중하며, 차별적이고 혐오적인 발언을 철저히 배제

3) (객관성과 중립성) 교육 내용과 방법에 객관성 및 중립성과 함께 편향성을 엄격히 배제

4) (전문성 강화) 전문성을 바탕으로 정확한 정보를 제공하고 지속적으로 자기 역량 개발

5) (교육생 존중) 피교육생의 신뢰를 우선으로 모든 질문과 의견에 대해 존중하는 태도로 응대

6) (일반적 행동준칙) 관련 법령을 준수하며 부적절한 언행이나 표현 등에 유의하여 교육

2○○○년 ○○월 ○○일

소 속 :

성 명 : (서명)

성희롱 방지조치 등 운영안내

제1장 개 요

1 성희롱 방지조치 개요

○ (목적) 공공기관의 성희롱 방지조치에 대한 실효성 확보 및 성희롱 방지 체계 구축

○ (법적근거) 「양성평등기본법」 제31조(성희롱 예방교육 등 방지조치) 및 같은법 시행령 제20조(성희롱 방지조치 등)

* 성폭력은 「성폭력방지법」 제5조(성폭력 예방교육 등), 시행령 제2조(성폭력 예방교육 등의 실시)

○ (추진경과)

- '95. 「여성발전기본법」 우리나라 법 중 처음으로 "성희롱"이란 용어를 사용하고, 성희롱 예방업무를 국가·지방자치단체가 직장내 평등한 근무환경 조성을 위하여 해야 할 기본시책으로 명시(시행 '96.7.1.)
- '99. 「남녀차별금지및구제에관한법률」 제정, 성희롱 예방사업 추진
- '05. 성희롱 예방사업 근거조항이 「여성발전기본법」으로 변경
- '08. 여성발전기본법 및 동법 시행령 개정, 공공기관의 성희롱 방지조치 의무 강화
- '13. 성희롱 방지조치 점검결과 및 성희롱 사건 은폐하거나 2차 피해 사실 확인시 기관평가 반영
- '14. 관련법률 변경* 및 성희롱 적용 범위 확대(고용상 불이익 → 불이익 및 이익공여의 의사표시)

* 「여성발전기본법」('14.5.28. 개정) → 「양성평등기본법」('15.7.1. 시행)

- '18. 「양성평등기본법」 제31조 개정(시행 '19. 6.19.)

* 국가기관 등의 장과 사용자가 취해야 할 성희롱 방지조치 구체화 및 부실기관 성희롱 방지조치 개선 계획 제출 등

- '21. 「양성평등기본법」 제31조의2 신설(시행 '21. 10.21.) 및 「성폭력방지법」 제5조의4 신설(시행 '21. 7.13.)

* 국가기관 등의 성희롱·성폭력 사건 통보의무 및 현장점검 근거 조항 신설

- '23. 「성폭력방지법」 제5조의4, 제22조 개정(시행 '24. 4.19.)

  * 시행령으로 정하는 기관장 사건의 재발방지대책 제출기간 단축(1개월) 및 사건 통보·재발 방지대책 제출 의무 미이행시 시정명령·과태료 부과 근거 마련

- '25. 「양성평등기본법」 제31조의2 및 「성폭력방지법」 제5조의4 개정 (시행 '25.10.23.)

  * 공공부문 성희롱·성폭력 사건처리 기간 동안 피해자 보호조치 의무, 비밀 누설 금지 등 규정

○ (대상기관) 국가기관, 지자체, 학교, 공직유관단체

  * 성폭력 예방조치는 성희롱 방지조치와 통합할 수 있음(「성폭력방지 및 피해자보호 등에 관한 법률 시행령」 제2조제2항)

  ** 어린이집·유치원은 성폭력 예방조치 의무만 해당(성희롱 방지조치 미적용)

○ (범정부 성희롱·성폭력 근절 대책 추진) 실효성 있는 이행 노력 강화

대책	발표일	주요 내용
직장 내 성희롱·성폭력 근절 대책	'17.11월	• 기관 내 사이버 신고센터 설치권고 • 모든 근로감독(연간 2만 5천개)시 성희롱 예방교육 필수 점검
공공부문 성희롱·성폭력 방지 대책	'17.11월	• 예방교육 실태 등 특별 전수조사 실시 • 공무원 성희롱 징계양정기준 상향
공공부문 성희롱·성폭력 근절 보완대책	'18.2월	• '직장 내 성희롱·성폭력' 특별점검 • 공공부문 '직장 내 성희롱·성폭력 특별신고센터' 설치 운영 • 범부처 대책 이행점검관리 협업체계 마련(범정부협의체 운영 및 추진점검단 설치)
직장 및 문화예술계 성희롱·성폭력 근절 대책	'18.3월	• 문화예술계 특별조사단 운영 및 실태조사 • 위력·위계에 의한 간음, 추행죄 법정형 상향, 공소시효 연장
사회관계장관회의 추가 대책	'18.3월	• 분야별 신고센터 연계 강화 • 초·중등학교 성평등교육 강화
이주여성 성희롱·성폭력 피해방지 보완 대책	'18.4월	• 이주여성 성폭력 실태조사 • 외국인종합안내센터, 다누리콜센터 연계 신고지원 강화 • 이주여성 피해자 무료법률지원, 의료비 지원 지침 마련
성희롱·성폭력 방지 보완대책 (국무회의)	'18.7월	• 남녀고용평등 전담 근로감독관 배치 확대 • 공무원 성희롱·성폭력 사건 은폐, 축소 시 엄정 제재(징계기준 마련) • 대학 내 성폭력 담당기구 설치 의무화
교육분야 성희롱·성폭력 근절대책 (사회관계장관회의)	'18.12월	• 초·중등학교 전문상담교사 증원 • 청소년 맞춤형 피해자 지원 확대 • 가해교원 징계 및 재발방지 교육 의무화
체육분야 (성)폭력 등 근절대책 (사회관계장관회의)	'19.1월	• 스포츠인권특별조사단 설치·운영 • 체육계 비리 관련 법령·제도 정비 • 국가대표 훈련환경 개선 및 인권보호 대책 추진
성희롱·성폭력 신고시스템 개선방안	'19.8월	• 성희롱·성폭력 근절 종합지원센터 운영 • 피해자 보호 등을 위한 제도개선 • 사후관리 강화 등 사안 대응체계 강화

2 성희롱 방지조치 점검표

〈 실적 점검 기준표(A-1) - 성희롱 방지조치 〉

※ 성희롱 예방교육 의무기관 적용 대상(국가기관, 지방자치단체, 공직유관단체, 각급 학교)

평가항목	시행 여부	비 고
고충 담당자(상담원) 지정 및 전문·심화교육 이수	○, ×	o 총 2인 이상(남, 녀 각 1인 이상 지정) ※ 어느 한 성(性)이 5인 미만일 경우 남·녀 구분 없이 2인 이상 지정 가능 ※ 상시근로자 30인 미만 기관은 1명 이상 지정 가능 o 기관 고충상담원 1인 이상 고충상담원 교육 이수* 및 신규 고충상담원이 지정된 날로부터 3개월(불가피한 경우 6개월) 이내** 교육 이수 시 해당 항목 인정 * 교육수료 후 3년이 경과되지 않은 자('24~'26년 교육 이수)를 이수자로 인정 ** ('25년 신규지정 미이수자) '26년 상반기 교육이수, ('26년 상반기 신규지정) '26년 하반기 교육 이수, ('26년 하반기 신규지정) '27년 상반기 교육 이수 ※ 신규 고충상담원으로만 운영되지 않도록 지정 후 1년 이상의 경력이 있는 고충상담원을 1명 이상 포함(신규기관 제외)
고충 상담창구 설치	○, ×	o 독립된 공간의 상담 창구 설치 * 상시근로자 30인 미만 기관은 독립된 공간이 아니더라도, 고충상담창구를 설치했다면 해당 항목을 '시행'으로 인정 o '사이버 성희롱·성폭력 신고센터' 설치 포함 의무화 ※ 상시근로자 30인 미만 기관은 제외
성희롱 예방지침 및 성폭력 예방지침 마련	○, ×	o 「양성평등기본법 시행령」 제20조제1항제5호 각 목의 사항 모두 반영 시 인정 o 성희롱·성폭력 통합 예방지침도 인정

※ 성희롱 방지조치 부진기관 : 성희롱 방지조치 평가항목(창구, 상담원, 지침) 중 하나라도 미이행한 기관

〈 실적 점검 기준표(A-2) - 성폭력 예방조치 〉

※ 성폭력 예방조치 점검(어린이집, 유치원용)

평가항목	시행 여부	비 고
고충 담당자(상담원) 지정 및 전문·심화교육 이수	○, ×	o 총 2인 이상(남, 녀 각 1인 이상 지정) ※ 어느 한 성(性)이 5인 미만일 경우 남·녀 구분 없이 2인 이상 지정 가능 ※ 상시근로자 30인 미만 기관은 1명 이상 지정 가능 o 기관 고충상담원 1인 이상 고충상담원 교육 이수 시 해당 항목 인정 * 교육수료 후 3년이 경과되지 않은 자('24~'26년 교육 이수)를 이수자로 인정 * 신규 고충상담원은 지정된 날로부터 3개월(불가피한 경우 6개월) 이내
고충 상담창구 설치	○, ×	o 독립된 공간의 상담 창구 설치 ※ 상시근로자 30인 미만 기관은 독립된 공간이 아니더라도, 고충상담창구를 설치했다면 해당 항목을 '시행'으로 인정 o '사이버 성폭력 신고센터' 설치 포함 의무화 ※ 상시근로자 30인 미만 기관은 제외
성폭력 예방지침 마련	○, ×	o 성폭력 예방지침 수립 여부

※ 병설 유치원은 필요한 경우 병설한 학교의 고충담당자·고충상담창구와 통합하여 운영 가능

※ 교육 방법
- 유치원·어린이집 고충상담원은 별도 연수기관 사이버교육으로 이수 가능

* 유치원·어린이집 고충상담원 교육과정은 2022년 '한국교육학술정보원' 내용 적합성 심사를 거쳐 제작된 것으로, 교육내용이 유치원·어린이집 통합으로 구성

〈유치원 고충상담원〉
① 과정명 : 유치원 고충상담원 교육(개설기간 : '26. 1월~11월)
② 교육개설기관 : 중앙교육연수원(원격연수지원센터) * 회원 가입후 수강 가능

〈어린이집 고충상담원〉
① 과정명 : 어린이집 고충상담원 교육(개설기간 : '26. 1월~11월)
② 교육개설기관 : 중앙육아종합지원센터 E-러닝 * 회원 가입후 수강 가능

3 성희롱 방지조치 이행사항

※ 성희롱 방지조치 평가항목(고충상담원 지정 및 교육이수, 고충상담창구 설치, 성희롱·성폭력 예방지침 마련) 중 1개 항목이라도 미 이행시 부진기관으로 분류
(어린이집·유치원의 성폭력 예방조치 점검은 부진기관 지정에서 제외)

□ 성희롱·성폭력 고충상담원 지정(필수)

○ (최초지정) 기관 내 성희롱·성폭력 사건 발생 시, 피해자가 고충신청 및 상담을 용이하게 할 수 있는 직원을 고충상담원으로 지정

- 총 2인 이상(남·녀 각 1인 이상 포함)을 고충상담원으로 지정
  ※ 어느 한 성(性)이 5인 미만인 경우 남·녀 구분 없이 2인 이상 지정 가능
  ※ 상시근로자가 30인 미만인 경우에는 1인 이상의 고충상담원 지정 가능
- 고충상담원 업무의 연속성을 위해 1년 이상 해당업무를 계속할 수 있는 직원을 지정

○ (변경지정) 전보 등 조직 내 인사에 의해 새로운 고충상담원을 지정해야 할 경우, 업무공백 최소화를 위해, 지정 후 1년 이상의 경력이 있는 고충상담원을 반드시 1명 이상 포함하는 조치 필요
  ※ 가능한 한 신규 고충상담원으로만 운영되지 않도록 지정 필요(신규기관 제외)

○ (외부전문가) 사건이 은폐·축소되지 않도록 상담·조사 과정에서부터 외부 전문가 등 활용 가능

○ (공표) 기관장은 기관의 고충상담원이 누구인지 쉽게 알 수 있도록 기관 내 공개된 장소에 게시하거나 종사자들이 쉽게 알 수 있는 방법으로 공지하여야 함

□ 성희롱·성폭력 고충상담원 교육 이수(필수)

○ 기관 고충상담원 중 3년(2024~2026년) 이내 고충상담원 교육을 이수한 자가 없거나, 신규 고충상담원이 지정된 날로부터 3개월(불가피한 경우 6개월) 이내 교육 미이수시 해당 항목 불인정으로 부진기관 분류(2026년 실적에 적용)

☞ 기관에서는 고충상담원의 상담 및 고충처리 업무 역량강화를 위해 기관의 고충상담원이 3년마다 교육을 충실히 이수할 수 있도록 지원

☞ 신규지정시 3개월(불가피한 경우 6개월) 이내 고충상담원 교육이수

※ ('25년 신규지정 미이수자) '26년 상반기 내 교육이수, ('26년 상반기 신규지정) '26년 하반기 교육이수, ('26년 하반기 신규지정) '27년 상반기 교육이수

※ 고충상담원 심화교육(보수교육)도 인정

- 단, 현재 소속한 기관에서 신규 고충상담원으로 지정되었으나, 이전 소속 기관에서 고충상담원으로 근무하면서 고충상담원 교육을 이수한 후 3년이 경과되지 않은 자는 예외로 함(기간 내 이수했음을 증명할 수 있다면 이전 소속 기관에서의 교육 이수도 인정)

☞ 전보 등 조직 내 인사에 의해 고충상담원이 바뀌고 고충상담원 교육이수가 지연될 때는 기존 상담원을 복수로 계속 지정하여 사건 상담 등이 내실 있게 운영되도록 조치 필요

○ 한국양성평등교육진흥원 고충상담원 교육 또는 '기관 자체 고충상담원 교육'을 통해 교육 이수 가능

교육대상	교육 사이트
공공기관 고충상담원	한국양성평등교육진흥원 교육센터 https://www.kigepe.or.kr/dems
초·중·고·특수학교 성희롱고충상담원	한국양성평등교육진흥원 이러닝센터 https://www.kigepe.or.kr/elearning
유치원고충상담원	중앙교육연수원 원격연수지원센터 https://www.neti.go.kr
어린이집 고충상담원	중앙육아종합지원센터 E-러닝 https://lms.educare.or.kr

〈 (1) 한국양성평등교육진흥원 운영 고충상담원 교육 참여 〉

○ 고충상담원의 역할 이해 및 역량을 강화하고 성평등한 조직문화 조성을 증진하기 위해 '공공기관 성희롱·성폭력 고충상담원 교육' 및 '각급 학교 성희롱·성폭력 고충상담원 교육' 운영(유치원·어린이집 제외)

○ 공공기관 성희롱·성폭력 고충상담원 교육 운영 개요

- (운영기간) 2월 ~ 12월
- (운영과정) 전문과정(상시학습), 심화과정(집합교육)
  ※ 심화과정은 전문과정 기이수자만 참여가능
- (교육시간) 14시간 교육
- (신청방법) 온라인 신청(한국양성평등교육진흥원 교육센터)
  ※ 접속주소 : https://www.kigepe.or.kr/dems
  ※ 신청기간 및 방법은 별도 안내(1~2월)

○ 각급 학교 성희롱·성폭력 고충상담원 교육 운영 개요

- (운영기간) 3월 ~ 11월
- (운영과정) 성희롱·성폭력 고충상담원 교육
- (교육인정) 2학점(원격직무연수)
- (신청방법) 온라인 신청(한국양성평등교육진흥원 이러닝센터)
  ※ 접속주소 : https://www.kigepe.or.kr/elearning
  ※ 신청기간 및 방법은 별도 안내(2월) 및 시·도 교육청으로 공문 발송 예정

〈 (2) 기관 자체 고충상담원 교육 실시(가능) 〉

○ 폭력예방교육 의무대상기관 중 소속·산하기관의 고충상담원 교육을 실시하고자 하는 기관은 성평등가족부와 사전 협의를 통해 자체 고충상담원 교육 실시 가능

☞ 기관은 교육계획을 세워 공문으로 '성평등가족부 폭력예방교육과'에 협의를 요청하고 성평등가족부의 협의 결과 통보를 받은 후 교육 실시, 1개월 이내 결과 보고

* p.185 고충상담원 역량강화 교육 계획(서식) 및 고충상담원 역량강화 교육 결과(서식) 참조

○ 자체 교육 운영 기준

- (기관요건) 예산, 시설 및 교육 관리·운영 역량을 갖춘 기관
- (운영방식) 회당 교육인원 수 적정유지, 집합교육, 만족도 조사 등
- (교육시간) 대면교육 시 7시간 이상
  ※ 실시간 온라인 화상교육* 가능
  * (실시간 온라인 화상교육) 정보통신매체를 활용하여 강사와 학습자 상호 간 영상과 음성을 동시에 송·수신하여 교육하는 방식을 말함

- (교육과정 및 내용) 양성평등기본법 제31조에 근거, 기관 자체 성희롱고충 상담원 역량강화 및 능력 배양에 적합한 프로그램과 내용으로 구성

과정명	주요내용	교육방법	교육시간
성인지 감수성, 성 평등한 조직문화 조성	- 성인지 감수성 이해 - 성인지감수성과 젠더 폭력의 상관관계 이해 - 조직문화의 개념 및 유형 - 성희롱(성폭력) 발생 요인과 조직문화 - 성 평등한 조직문화 조성	강의 및 토론	2H~3H
성희롱(성폭력) 관련 법제도, 사례분석	- 현행 법령과 성희롱 - 법원 판례와 국가인권위원회 결정례 상의 성희롱 - 성폭력범죄의 개념과 유형, 사례 - 성희롱·성폭력 사건처리절차 - 성희롱·성폭력 상담기법 이해	강의, 실습, 토론	2H~3H
고충상담원의 역할 이해 및 상담기술 훈련	- 성희롱·성폭력 방지 주체별 대응 - 고충사례별 상담 실습 - 착안 사항 및 개입 전략 - 2차 피해 예방	강의, 실습, 토론	2H~3H

* 교육인정을 위한 최소 기준요건으로, 역할 실습 및 사례토론 과정 반드시 포함

- (강사) 고충상담원 교육의 목적, 내용, 방법에 적합한 강사를 초빙

교육과정	공통기준	우 대
성인지 감수성, 성 평등한 조직문화 조성	- 양성평등분야 관련 교육, 연구, 상담 및 단체활동 경력자 - 여성학 및 관련분야 학위 소지자 또는 양성평등관련 연구 및 강의 경력이 있는 자 등	- 양성평등교육 전문강사 - 성희롱, 성폭력 전문강사
성희롱(성폭력) 관련 법제도, 사례분석		- 여성폭력관련 분야 변호사, 상담소장 등
고충상담원의 역할 이해 및 상담기술 훈련		- 성희롱·성폭력예방 관련 상담 업무에 실무 경험이 있는 자

※ 동일 강사가 여러 과목을 담당하지 않도록 하며, 과도한 강사료 및 원고료 책정 제한

○ 유치원·어린이집 고충상담원 교육 이수 방법

〈유치원 고충상담원〉

① 과정명 : 유치원 고충상담원 교육(개설기간 : '26. 1월~11월)

② 교육개설기관 : 중앙교육연수원(원격연수지원센터) 회원 가입후 수강 가능

〈어린이집 고충상담원〉

① 과정명 : 어린이집 고충상담원 교육(개설기간 : '26. 1월~11월)

② 교육개설기관 : 중앙육아종합지원센터 E-러닝 회원 가입후 수강 가능

□ **성희롱 고충상담창구 설치(필수)**

○ 성희롱 예방을 위한 업무의 처리와 소속 직원의 성희롱 관련 고충에 대한 상담·처리를 위하여 성희롱 고충상담창구를 두고 조직 내외적으로 인지할 수 있도록 함

○ 기관 규모와 상관없이 모든 기관은 고충상담창구를 설치·운영하여야 함

※ 고충상담창구는 기관 내 독립적인 기구로서 운영하거나 인사 또는 복무, 노조(직장협의회) 등 부서 내 설치 가능하며, 기관 구성원들이 독립된 상담창구임을 알 수 있어야 함(공문 및 사내 게시판 등 활용하여 상담창구 안내)

○ 또한, 상담 내용의 비밀 보장과 피해자 보호 등을 위해 상시근로자 30인 이상 근무 기관은 원칙적으로 독립된 공간의 고충상담창구를 설치해야 함

- 상시근로자 30인 미만 근무기관의 경우는 예외로 하되, 상담 시 비밀이 보장되는 환경이 되도록 할 것

○ 업무망, 홈페이지 등을 활용하여 기관 특성에 맞도록 익명성이 보장되는 '사이버 신고센터' 설치 의무화

※ 상시근로자 30인 미만 기관은 의무설치 대상은 아님

※ 설치방법(예시) : 기관 내 홈페이지 또는 기관 전산망 메인화면 → 성희롱·성폭력 신고센터 → 신고내용 입력 / 열람권한 : 고충상담원, 작성자 본인

- 사이버신고센터 설치기준은 성희롱 방지조치의 결과를 매년 2월까지 제출하는 기관 단위가 기준

- 상급기관의 고충을 심의하는 운영 범위 등이 소속기관까지 적용될 경우 소속 기관에서 상급기관의 사이버신고센터를 배너 등으로 링크하는 경우도 사이버 신고센터 설치로 간주

- 교육청에서 해당 관내 학교에서 발생한 사안을 포함한 성희롱·성폭력 사이버 신고센터를 운영하고 있을 경우, 학교 홈페이지에 교육청 사이버신고센터를 배너로 링크하는 경우도 사이버신고센터 설치로 간주

○ 작성된 내용에 관하여는 담당자 외에 공개 또는 열람되지 않도록 함

○ 예방 및 대응 매뉴얼을 눈에 띄는 장소에 상시 게시

○ 고충접수 처리대장 및 성희롱 고충 신청서를 작성·비치하여야 함

※ 접수자는 고충상담원, 확인자는 부서장임

※ 상담과정에서는 피해자의 의견을 존중하여 익명 기록, 또는 기록하지 않을 수도 있음

□ 자체 성희롱·성폭력 예방지침(성희롱 사건처리 매뉴얼 포함) 마련(필수)

○ 기관별 실정에 맞게 구체적이고 실무 중심으로 작성

- 자체 성희롱 예방지침은 '성희롱·성폭력 예방지침 표준안'을 참고하되 기관의 공식규정('예규' 등) 형태로 마련하여야 하며,
- 직장 내 구성된 관련 협의회(노조 등) 또는 고충심의위원회의 의견수렴을 거쳐 확정(권고)
- 상급기관의 지침이 있을 경우 준용하여 작성하고 산하기관이나 소속기관까지 준용하도록 제정할 경우 각 조항에 담당 부서 등 준용사항 상세 기재

○ 「양성평등기본법 시행령」 제20조 제1항 제5호 각 목의 사항 모두 반영

「양성평등기본법 시행령」 제20조(성희롱 방지조치 등)①항

5. 다음 각 목의 사항이 포함된 자체 성희롱 예방지침 마련
   가. 성희롱 관련 상담 및 고충 처리를 위한 공식 창구 운영에 관한 사항
   나. 성희롱 고충 처리 절차 및 매뉴얼에 관한 사항
   다. 성희롱 행위자에 대한 징계 등 제재조치에 관한 사항
   라. 성희롱과 관련된 피해자에 대한 불이익조치 금지에 관한 사항
   마. 성희롱 관련 상담 및 고충 처리와 관련된 비밀보장에 관한 사항
   바. 성희롱 사건 발생 시 피해자 치료 지원, 가해자에 대한 인사 조치 등을 통한 피해자의 근로권·학습권 등을 보호하기 위한 조치에 관한 사항
   사. 성희롱 관련 상담 및 고충 처리 업무 종사자에 대한 교육·훈련 지원에 관한 사항
   아. 그 밖에 성희롱 예방 및 재발 방지를 위하여 필요한 사항

○ 성희롱 사건처리 매뉴얼은 '공공부문 성희롱·성폭력 사건 처리 매뉴얼'을 참고하여 마련

※ 매뉴얼 참고 : '성평등가족부 홈페이지' – 정책정보 – 정책자료실 – 주제별 정책자료 – 인권보호

○ 사건조사 및 징계절차는 당해 기관의 관련 징계규정 준용(공무원 징계령, 교육공무원 징계령 등)

○ 각 기관에서는 '자체 성희롱 예방지침'을 전 직원들이 인지하고 이용 및 참여할 수 있도록 적극 공개하여야 함

□ **기타 안내사항**

○ 성희롱(성폭력) 사건 발생시 재발방지대책의 수립·제출은 성평등가족부에 예방교육통합관리시스템(https://shp.mogef.go.kr) 내 「사건관리시스템」으로 제출하고, 주무부처에도 제출

* (국가기관, 지자체, 공직유관단체, 대학) 시스템 이용

* (각급학교 등) 성평등가족부 홈페이지 등록된 양식과 함께 공문으로 제출(성평등가족부 성폭력방지과 수신) 성평등가족부 홈페이지 – 정책정보 – 정책자료실 – 주제별 정책자료 – 인권보호

○ 「양성평등기본법 제31조제4항」에 따른 성희롱 방지조치(성폭력 통합)에 대한 점검을 통해 성희롱 사건 발생 시 재발방지대책의 수립 여부 등을 점검하고, 그 점검결과에 대하여 공표

4 후속조치

□ **부진기관 관리**

○ 성희롱 방지조치를 의무이행사항을 실천하지 않은 기관에 대해서는 관리자특별교육 및 언론공표 실시, 예방교육 개선계획서를 제출

– 성희롱 방지조치 의무이행사항 중 하나라도 이행하지 않으면 부진기관으로 분류(유치원, 어린이집 제외)

① 고충상담원 지정 및 교육이수, ② 고충상담창구 설치, ③ 성희롱·성폭력 예방지침 제(개)정

□ **부진기관 관리자 특별교육**

○ (일정) 2026년 7~9월(예정)

○ (교육참가 대상자)

- (국가기관, 지방자치단체) 폭력예방업무 담당부서 과장급 이상
- (공직유관단체) 인사 또는 복무 관련 부서의 장
- (초·중·고등학교) 교감 또는 교무부장 등 부장급 교사
- (대학교) 인사 담당 부서의 장 또는 폭력예방업무 담당 부서의 장

□ **공표**

○ 인터넷 홈페이지 또는 일반일간신문 등에 게재하여 공표

제2장 성희롱·성폭력 예방지침 표준안

성희롱·성폭력 예방지침 표준안 및 해설

(방지조치 제도 문의 : 성폭력방지과 02-2100-6429, 6392)
(사건대응 문의 : 성폭력방지과 02-2100-6164, 6166, 6168, 6169)
(폭력예방교육 관련 문의 : 폭력예방교육과 02-2100-6445)

※ 본 지침은 기관 내 성희롱·성폭력 예방지침의 마련을 위한 안내이고, 각 기관은 본 내용을 참조해 기관 실정에 맞는 자체지침을 제정하여야 함

- 필요시, 국가기관, 지방자치단체 등은「스토킹 예방지침」 및 「여성폭력 2차 피해 방지지침」과 통합 제정 가능

제1조(목적)

제1조(목적) 이 지침은 「양성평등기본법」 제31조 및 같은 법 시행령 제20조, 「성폭력방지 및 피해자 보호 등에 관한 법률」 제5조 및 같은 법 시행령 제2조에 따라 ○○○ 기관의 장이 성희롱·성폭력 예방을 위하여 필요한 사항을 정함을 목적으로 한다.

제2조(적용범위)

제2조(적용범위)
① 이 지침은 ○○○기관의 장과 소속 구성원(○○○기관의 장과 고용관계에 있는 자, 소속 학생을 포함)에게 적용되며, ○○○기관의 통제범위 내에 있는 것으로 인정되거나 업무관련성이 있는 제3자가 피해자인 성희롱·성폭력을 포함한다.
② 이 지침의 피해자 보호는 피해자, 신고자, 조력자, 대리인에게도 적용된다.

○ 지침의 적용대상에는 기관장을 포함한 재직 중 전 구성원(비정규직, 인턴, 사회복무요원, 무기계약(공무직)·기간제·시간제 근로자 등 포함)과 소속 학생이 포함되어야 함

○ 기관과 업무관련성이 있는 제3자까지 적용범위에 넣음으로써 기관이 해결하여야 할 성희롱·성폭력의 범위를 확장해서 명시

제3조(성희롱·성폭력의 정의)

제3조(정의) 이 지침에서 사용하는 용어의 뜻은 다음과 같다.
1. '성희롱'이란 「양성평등기본법」 제3조제2호의 규정에 따라 업무, 고용, 그 밖의 관계에서 국가기관·지방자치단체 또는 대통령령으로 정하는 공공단체(이하 "국가기관등"이라 한다)의 종사자, 사용자 또는 근로자가 다음 각 목의 어느 하나에 해당하는 행위를 하는 경우를 말한다.
 가. 지위를 이용하거나 업무 등과 관련하여 성적 언동 또는 성적 요구 등으로 상대방에게 성적 굴욕감이나 혐오감을 느끼게 하는 행위
 나. 상대방이 성적 언동 또는 요구에 대한 불응을 이유로 불이익을 주거나 그에 따르는 것을 조건으로 이익 공여의 의사표시를 하는 행위
2. '성폭력'이란 「성폭력범죄의 처벌 등에 관한 특례법」 제2조제1항에 규정된 죄에 해당하는 행위를 말한다.
3. '2차 피해'란 「여성폭력방지법」 제3조제3호에 규정된 2차 피해에 해당하는 피해를 입는 것을 말한다.

○ 「양성평등기본법」 등에 근거한 성희롱 개념을 지침에서 명시

* '성적 언동'이란 남녀 간의 육체적 관계나 남성 또는 여성의 신체적 특징과 관련된 육체적, 언어적, 시각적 행위로써 사회공동체의 건전한 상식과 관행에 비추어 볼 때, 객관적으로 상대방과 같은 처지에 있는 일반적이고도 평균적인 사람으로 하여금 성적 굴욕감이나 혐오감을 느끼게 할 수 있는 행위를 의미함[대법원 2018.4.12., 선고, 2017두74702, 판결]

○ 「성폭력범죄의 처벌 등에 관한 특례법」에 근거한 성폭력 개념 명시

* 성폭력의 세부 유형은 '제5장 참고자료 - 1. 성희롱·성폭력 관련 법 조항 및 예시' 참고

○ 「여성폭력방지법」에 근거한 2차 피해 개념 명시

제4조(기관장의 책무)

제4조(○○○장의 책무)
① ○○○기관의 장은 성희롱·성폭력 방지를 위한 다음 각 호의 제반 조치를 강구하고 시행할 책무가 있으며, 성희롱·성폭력 발생 시 필요한 조치를 적절하고 신속하게 이행하여야 한다.
1. 성희롱·성폭력 예방교육의 실시
2. 성희롱·성폭력 고충상담창구의 설치·운영
3. 성희롱·성폭력 고충처리절차 및 매뉴얼 마련
4. 성희롱·성폭력 피해자의 보호 및 2차 피해 예방
5. 성희롱·성폭력 근절의지 및 행위자 무관용의 원칙 천명
6. 소속구성원에 대한 성희롱·성폭력 예방 홍보
7. 성희롱·성폭력 예방교육 참석 및 관련 예산 확보
8. 성평등한 조직문화의 정착을 위한 노력 등

② ○○○기관의 장은 제1항에 따른 조치를 이행하기 위하여 매년 성희롱·성폭력 방지조치 연간 추진계획을 수립하여야 한다.

○ 기관장에게 성희롱·성폭력 방지조치 및 사건 발생 시 적절한 구제절차를 이행할 의무가 있음을 명시

○ 기관장에게 피해자 보호의 의무가 있음을 명시

○ 성희롱·성폭력 행위자에 대한 무관용 원칙을 조직 구성원에게 천명함으로써 성희롱·성폭력 예방 효과를 높임

○ 성희롱·성폭력 예방지침을 구성원들에게 적극 알려 성희롱·성폭력에 대한 인식을 개선하고 사건 발생 시 피해자 보호와 구제절차를 안내

○ 성희롱·성폭력 방지에 있어 기관장의 역할이 중요하므로 기관장이 예방교육에 반드시 참석할 필요가 있음

○ 고충상담원 교육, 전문강사에 의한 교육 실시 등 성희롱·성폭력 방지를 위한 예산 확보 필요

○ 성희롱·성폭력 방지조치 실효성 확보를 위하여 연간 추진계획의 수립 필요

제5조(상급기관의 관리·감독)

> **제5조(상급기관의 관리·감독)**
> ① 성희롱·성폭력 행위자가 공직유관단체의 기관장이거나 임원급에 있는 자인 경우에는 이 지침에도 불구하고 지체없이 상급기관으로 성희롱·성폭력 고충에 대한 조사를 이관하고, 이후의 조치도 상급기관의 지휘·감독을 받도록 한다.
> ② 제1항에 따라 조사를 이관하는 경우에는 당사자에게 그 사실을 알려주어야 하고 사건발생기관에서는 피해자 보호조치를 취해야 한다.

○ 상급기관은 산하 공공기관(「양성평등기본법 시행령」 제2조의 공직유관단체)에 대한 관리·감독 강화를 위하여 해당 기관의 감사 시 성희롱·성폭력 관련 사항을 점검(상급기관 예방지침에 명시)

- 예방교육 관련 계획수립 여부, 교육 내용 및 방법, 교육 참여율, 고충상담창구 설치 등 방지조치, 사건조치결과 및 재발방지대책 수립 등을 점검

○ 공공기관의 기관장 또는 고위직 임원이 행위자로 지목된 경우, 상급기관이 있는 경우에는 상급기관에서 조사 및 조치가 이루어질 수 있도록 하며 이와 관련, 상급기관은 세부절차를 마련하여야 함

- 기관장 또는 고위직 임원이 행위자인 경우 기관에서 사건을 은폐 또는 축소할 우려가 있으므로 상급기관에서 조사를 이관 받아 진행하고 조사 이후 절차도 지휘·감독하도록 함

○ 조사를 이관할 경우 피해자, 행위자에게 알려 사건처리 현황을 인지할 수 있도록 함

- 상급기관은 사건 발생기관과 사건 진행현황에 대해 공유하고 피해자 보호 등에 함께 노력하도록 함

○ 상급기관은 조사를 이관 받을 담당 부서를 지침이나 연간운영계획 등에 명시 (예 : '고충상담부서', '해당 기관의 관리·감독 부서' 등)

〈공직유관단체의 상급기관 예방지침 수정〉

제5조(상급기관의 관리·감독)

① ○○○기관의 장은 소속 공직유관단체의 성희롱·성폭력 예방을 위하여 감사 시 성희롱·성폭력 방지조치 등 관련 사항을 점검하여야 한다.

② 소속 공직유관단체에서 성희롱·성폭력 행위자가 해당 공직유관단체의 장이거나 임원급에 있는 자인 사건의 조사를 ○○○기관으로 이관한 경우, ○○부서는 해당 사건을 조사하고 사건발생기관에서 이행하는 이후의 조치도 지휘·감독한다.

제6조(고충상담창구)

제6조(고충상담창구) ① 성희롱·성폭력 예방을 위한 업무의 처리와 소속 구성원의 성희롱·성폭력 피해 상담, 성희롱·성폭력 사건의 조사 및 처리를 위하여 ○○부서 (○○노조, ○○성희롱·성폭력 전문기관)에 성희롱·성폭력 고충상담창구(이하 "고충상담창구"라 한다) 및 고충상담원을 두고 조직 내외에 적극 알려 이를 인지할 수 있도록 한다.

② ○○○기관은 고충상담창구의 업무를 처리하기 위하여 성희롱·성폭력 고충상담원(이하 "고충상담원"이라 한다)을 2인 이상 지정하여야 하며, 남성 및 여성이 반드시 각 1인 이상 포함되도록 구성한다.

③ 고충상담창구의 업무는 다음 각 호와 같다.

1. 성희롱·성폭력 피해(2차 피해 포함)에 대한 상담
2. 성희롱·성폭력 사건에 대한 고충의 접수·조사 및 처리
3. 성희롱·성폭력 사건 처리 관련 부서 간 협조·조정에 관한 사항
4. 성희롱·성폭력 재발 방지 대책의 수립과 이행에 관한 사항
5. 성희롱·성폭력 고충 처리 절차 및 매뉴얼 마련에 관한 사항
6. 성희롱·성폭력 예방을 위한 교육·홍보 등 기타 성희롱·성폭력 예방 업무

④ 고충상담창구 내에 별지 제○○호 서식의 고충접수 및 처리대장, 성희롱·성폭력 고충처리 절차 및 매뉴얼을 작성·비치하여야 한다.

제6조의2(사이버신고센터) ① ○○○기관의 장은 성희롱·성폭력 피해 신고의 편의성을 위하여 사이버신고센터를 설치·운영하여야 하고 스마트폰, 태블릿 PC 등 모바일에서 신고센터를 운영할 수 있다.

② 사이버신고센터 등 운영을 조직 구성원들에게 적극 알려 이를 인지할 수 있도록 한다.

○ 고충상담창구의 설치 명시
- 소속기관이 있는 경우 부속기관 및 특별지방행정기관 등의 고충상담창구 설치 근거 명시
- 고충상담창구 설치뿐만 아니라 조직 구성원 등이 이를 인지할 수 있도록 안내 필요
- 성희롱·성폭력 사안은 소속 직원의 복무조건과 밀접히 연관된 사항이므로 복무담당부서의 소관으로 우선 고려할 수 있으나, 고충 처리 절차의 공정성과 전문성 제고를 위해 기관의 여건에 따라 복무담당 부서 외 노동조합, 직장협의회, 여성정책 관련 부서, 외부 전문기관(성희롱·성폭력, 성평등) 등을 지정할 수 있음
- 상담, 조사 등 사건처리 절차들을 여러 부서에서 나눠서 담당하는 경우, 총괄 부서를 지정하여 피해자 지원의 사각지대가 발생하지 않도록 노력 필요

○ 고충담당자를 2인 이상 지정하되 남·녀 각 1인 이상으로 지정
- 상시근로자 중 어느 한 성(性)이 5인 미만일 경우 남·녀 구분없이 동일 성으로 2인 이상 지정 가능
- 상시근로자 30인 미만 기관은 1인 이상 지정 가능
- 기관이 전국적으로 분포되어 있는 사업장에서는 지사 별로, 또는 사업본부 별로 고충상담원을 지정할 것

○ 기관 규모와 상관없이 모든 기관은 고충상담창구를 설치·운영하여야 하고, 상담 내용의 비밀 보장과 피해자 보호 등을 위해 상시근로자 30인 이상 근무 기관은 원칙적으로 독립된 공간의 고충상담창구를 설치해야 함
- 독립된 공간의 고충상담창구 설치에 대해 상시근로자 30인 미만 근무기관의 경우는 예외로 하되, 상담 시 비밀이 보장되는 환경이 되도록 할 것

○ 고충상담창구의 업무 예시
- 고충상담창구의 업무로 상담과 조사 기능을 수행하여야 하나 기관의 사정과 필요에 따라 분리 운영할 경우 각각의 역할분담과 역할수행에 대하여 명확하게 지침에 명시하도록 함

- 성희롱·성폭력 관련 상담 및 고충처리를 위한 공식 창구로서 고충의 접수·처리·재발방지·교육 및 모니터링(사건처리에 따른 조치 이행사항) 등 성희롱·성폭력 방지조치의 이행과 관련된 업무를 지침에 명시하도록 함

○ 직접적인 대면 내지 전화 상담이 어려운 피해자의 상담 및 신고를 위하여 사이버 신고센터 설치

- 사이버신고센터에 신고 된 사실이나 내용은 고충상담원만 열람할 수 있는 형태로 운영하여 2차 피해를 방지
- 스마트폰, 태블릿 PC 등 모바일신고가 가능하도록 모바일 신고센터까지 확대 운영 권고

제7조(고충처리 업무의 지원)

제7조(고충처리 업무의 지원)

① ○○○기관은 고충상담원의 성희롱·성폭력 관련 상담 및 고충처리 업무 역량강화를 위해 외부 전문기관 교육수강을 적극 지원하여야 한다.

② 신규로 임명된 고충상담원은 임명된 날부터 3개월 이내에 성희롱 상담 및 고충처리 관련 전문교육을 이수하여야 한다. 다만, 불가피한 상황이 발생한 경우 6개월 이내에 이수할 수 있다.

③ 기관의 장은 고충상담원이 고충처리 업무를 행할 때 공정하고 독립적으로 임할 수 있도록 보호하고 지원하여야 한다.

④ ○○○기관의 장은 제6조 제3항의 고충상담창구의 업무를 지원하기 위해 외부 전문가를 선임할 수 있다.

⑤ ○○○기관의 장은 성희롱·성폭력 상담의 공신력과 전문성을 제고하기 위하여 제6조에 따른 고충상담창구와 제6조의2에 따른 사이버신고센터의 업무를 외부전문기관에 위탁할 수 있다.

○ 성희롱·성폭력 관련 상담 및 고충처리 업무 종사자에 대한 전문적인 교육훈련의 시기와 횟수를 명시

- 기관에서는 고충상담원의 상담 및 고충처리 업무 역량강화를 위해 기관의 고충상담원이 3년마다 교육을 충실히 이수할 수 있도록 지원
- 신규로 임명된 고충상담원은 3개월 이내 전문교육을 이수하되, 교육기관에 의한 사정 등 불가피한 경우 6개월 이내 반드시 전문교육을 이수해야 함

* 단, 현재 소속한 기관에서 신규 고충상담원으로 지정되었으나, 이전 소속기관에서 고충상담원으로 근무하면서 고충상담원 교육을 이수한 후 3년이 경과되지 않은 자는 교육 이수한 것으로 인정

○ 기관의 장은 고충상담원이 고충처리 업무를 행할 때 공정하고 독립적으로 임할 수 있도록 보호하고 지원하여야 함

- 행위자, 기타 조직구성원이 고충상담원, 성희롱·성폭력 고충심의위원회 위원 등 직장 내 성희롱 업무담당자에 대해 부당한 비난, 압박, 강요, 협박 등으로 공정한 사건처리를 방해하는 것 금지

○ 피해자가 근무 조건 등 불이익을 우려하여 직장 동료와 상담하는 것을 거부하거나 두려워할 경우를 대비하여 외부전문가를 고충상담원으로 지정할 수 있음

○ 성희롱·성폭력의 상담과 조사에 관한 업무의 전문성과 독립성을 위해 외부기관에 위탁할 수 있음

- 피해자는 근무 조건 및 불이익을 우려하여 직장 내에서 상담하는 것에 대한 거부감과 두려움이 있을 수 있으므로 외부기관에 업무를 위탁할 수 있음

제8조(예방교육)

제8조(예방교육)

① ○○○기관의 장은 매년 연초 성희롱·성폭력 예방교육의 실시 시기·내용·방법 등에 관한 세부 실시계획을 수립하여야 한다.

② 성희롱·성폭력 예방교육은 전문가 강의, 시청각 교육, 사이버교육 등의 방법으로 매년 각 1시간 이상 실시하되 최소 1회는 대면교육으로 실시하여야 하며, 다음 각 호의 내용이 포함되어야 한다.

1. 성희롱·성폭력 관련 법령 및 지침
2. 성희롱·성폭력 발생 시의 처리절차 및 조치기준
3. 성희롱·성폭력 피해자에 대한 고충상담, 구제절차 및 보호조치
4. 성희롱·성폭력을 한 자에 대한 징계 등 제재조치
5. 민원인, 고객 등에 의한 성희롱·성폭력 예방과 발생 시 대처 방안
6. 기타 성희롱·성폭력 예방에 관한 사항 등

③ 신규임용된 사람에 대해서는 임용된 날부터 2개월 이내에 교육을 실시하여야 한다(양성평등기본법 시행령 제20조1항1호)

④ ○○○기관의 장은 성희롱·성폭력 예방교육 효과 제고를 위하여 1년에 1회 고위직 대상 별도 교육을 실시*하여야 하며, 학생에게는 오리엔테이션 등을 통해 성희롱·성폭력 예방교육을 실시할 수 있다.

⑤ 성희롱·성폭력 예방교육을 실시한 경우에 ○○과장은 교육일시 및 방법, 교육참석자 명단, 교육내용, 교육사진, 강사프로필 등에 관한 실시결과를 ○○○기관의 장에게 보고하여야 한다.

⑥ ○○○기관의 장은 성희롱·성폭력 예방교육의 내용을 구성원이 자유롭게 열람할 수 있는 장소나 인터넷 사이트에 항상 게시하거나 갖추어 두어 구성원에게 널리 알려야 한다.

○ 소관 부서에서 성희롱·성폭력 예방교육의 세부실시계획을 수립하여 기관장에게 보고하도록 함

○ 성희롱·성폭력 예방교육의 방법을 예시하고, 교육에 포함하여야 할 내용을 명시

- 교육의 방법은 성평등가족부 산하 한국양성평등교육진흥원 「강사찾기」 등을 활용한 전문가 강의와 기관 내 담당자의 설명을 병행하는 것이 바람직
- 교육의 내실화를 위해서는 기관장 훈시 혹은 영상물 시청만으로는 미흡하며 별도의 충분한 시간을 확보하여 교육을 실시하도록 함
- 예방교육은 양성평등 감수성 제고를 위해 매년 최소 1회는 대면교육으로 실시해야 함
- 신규 임용된 사람에 대해서도 성희롱·성폭력 방지 및 권리구제 등에 관한 예방교육 필요

○ 업무 및 조직의 특수성에 따라 고객 등에 의한, 고객에 대한 성희롱·성폭력 발생 방지 및 대처 교육 필요

○ 성희롱·성폭력 방지 효과성 제고와 피해자에 대한 적절한 구제 및 보호를 위하여 고위직과 관리자 대상으로 별도 교육 의무 실시

* 다만, 종사자 100인 미만인 "공직유관단체와 대학교"는 '26년 별도 교육 의무 대상기관에서 제외

○ 성희롱 방지와 성희롱 사건 발생 시 적절한 대처를 위하여 학생 대상으로 성희롱 예방교육 실시 권장

○ 교육실시결과를 기관장에게 보고하도록 함

- 예방교육 실시계획 및 결과는 기관장의 결재를 얻도록 하고 교육 참석자 명단은 서명(날인)을 받아 증빙자료로 보관

○ 성희롱 예방교육의 내용은 구성원이 손쉽게 열람할 수 있도록 게시하여야 함

제9조(고충상담)

> **제9조(고충상담)**
> ① 성희롱·성폭력과 관련하여 상담을 원하는 소속구성원은 서면, 전화, 온라인 및 방문 등의 방법으로 고충상담창구에 상담을 신청할 수 있다.
> ② 고충상담원은 상담의 신청을 받은 경우에 지체없이 상담에 응하여야 하며, 조사신청 등 처리절차를 안내하여야 한다.

○ 성희롱·성폭력 고충상담 신청의 방법 안내

– 상담 시에는 관련 법령, 조사 및 처리절차 등 피해자에게 필요한 정보를 제공하여야 함을 명시하는 것이 바람직

– 피해자가 고충업무 담당부서가 아닌 자신의 상급자나 관리자에게 상담이나 고충처리를 요청하였을 때에는 고충상담창구 등 처리절차를 안내하고 이관하여 처리하는 것이 바람직

– 고충상담원은 지방자치단체의 장이나 교육감이 연루된 사건에 대해 상담 신청이나 신고를 받았을 때 신고인에게 성평등가족부가 운영하는 '직장 내 성희롱·성폭력 신고센터'에 신고할 수 있음을 안내

제10조(통보 및 신고의무)

> **제10조(통보 및 신고의무)**
> ① 국가기관등의 장은 해당 기관에서 성희롱·성폭력 사건이 발생한 사실을 알게 된 경우 피해자의 명시적인 반대의견이 없으면 지체 없이 그 사실을 성평등가족부장관에게 통보한다.
> ② 국가기관, 지방자치단체, 공직유관단체의 장과 해당 기관, 단체 내 피해자 보호 관련 업무 종사자는 기관 또는 단체 내에서 위계 또는 위력 등에 의한 성폭력 사건이 발생한 사실을 직무상 알게 된 때에는 피해자의 명시적인 반대의견이 없으면 즉시 수사기관에 신고해야 한다.

○ 기관에서 성희롱·성폭력 사건이 발생한 사실을 알게 된 경우 피해자의 명시적인 반대의견이 없으면 지체 없이 사건을 성평등가족부로 통보

※ 「양성평등기본법」 제31조의2, 「성폭력방지법」 제5조의4

– 예방교육통합관리시스템(https://shp.mogef.go.kr) 내 「사건관리시스템」을 통해 사건 발생 사실을 성평등가족부로 통보

* (국가기관, 지자체, 공직유관단체, 대학) 시스템 이용
* (각급학교 등) 성평등가족부 홈페이지 등록된 양식과 함께 공문으로 제출(성평등가족부 성폭력방지과 수신) 성평등가족부 홈페이지 – 정책정보 – 정책자료실 – 주제별 정책자료 – 인권보호

– 고충상담이나 피해 신고를 받은 고충상담원은 피해자(또는 대리인)에게 성평등가족부에 사건을 통보하고 수사기관에도 신고할 의무가 있음을 안내하여야 함

– 이 경우 통보 및 신고 의무는 피해자(또는 대리인)가 조사를 원할 경우, 사건(통보, 신고) 동의 의사를 확인하여 기관장에게 보고할 때 발생함

- 피해자와 행위자가 속한 기관이 다를 경우, 재발방지를 위해 행위자가 속한 기관에서 사건 통보와 재발방지대책 수립·제출하고, 이 경우 피해자 기관은 피해자 보호 및 지원, 2차 피해 예방을 위한 필요한 조치를 함

※ 피해자 소속 기관의 협조 등을 통해 피해자 통보 동의 의사 확인 필요

※ 통보 및 제출 의무 위반시 시정명령 및 과태료 부과 대상은 행위자가 속한 기관이 됨

○ 피해자가 명시적으로 반대하지 않았음에도 성평등가족부로 성폭력 사건 발생 사실을 통보하지 아니한 경우 성평등가족부장관은 해당 기관에 시정을 명할 수 있고, 시정명령 미이행시 5백만원 이하의 과태료 부과

※ 「성폭력방지법」 제22조제1항 및 제38조제1항

(참고) 피해자(또는 대리인)가 조사를 원할 경우, 사건 통보 동의 의사를 확인하여 기관장에게 보고한 때 기준

○ 통보받은 사건이 중대하다고 판단되는 경우, 성평등가족부가 해당 기관에 대한 현장점검을 실시하고, 점검 결과 해당 기관에 시정이나 보완을 요구

※ 국가기관의 장, 시·도지사, 시장·군수·구청장(자치구 구청장) 또는 교육감에 의한 성희롱·성폭력 사건, 피해자가 다수인 성폭력 사건, 성희롱 사건이 여러차례 반복해서 일어난 기관에서 발생한 성희롱 사건, 그 밖에 피해의 내용과 규모 등을 고려하여 점검이 필요하다고 인정하는 성희롱·성폭력 사건

- 성평등가족부가 사건의 중대성 등을 판단하기 위해 통보된 사건통보서 등에 대한 보완을 요청하거나, 현장점검을 위한 자료요구를 받은 경우, 해당 기관은 적극적으로 협조
- 현장점검 결과 통보받은 시정·보완 요구사항에 대해서는 이행실적 및 계획을 작성하여 지정된 기간 내에 성평등가족부에 제출

○ 기관 또는 단체 내에서 위계, 위력 등에 의한 성폭력 사건(「성폭력범죄의 처벌 등에 관한 특례법」 제10조제1항 또는 「형법」 제303조제1항*)이 발생한 사실을 알게 된 때에는, 피해자의 반대의견이 없으면 수사기관에 신고

* 위계 또는 위력에 의한 추행 또는 간음

- 이를 위반하여 성폭력 사건을 신고하지 아니한 자에게는 300만원 이하의 과태료 부과

※ 「성폭력방지법」 제9조제2항, 제38조

제11조(조사)

> **제11조(조사)**
> ① 성희롱·성폭력 고충에 대한 조사를 원하는 피해자(피해자의 대리인을 포함한다)는 서면 또는 정보통신 등의 방법으로 별지 제○○호 서식의 성희롱·성폭력 조사 신청서를 제출하여야 하며, 고충상담원은 지체 없이 조사 신청을 접수하여야 한다.
> ② 고충상담원은 제1항에 따른 신청서를 접수한 날로부터 신속하게 조사를 실시하여야 하며, 20일 이내에 조사를 완료하여야 한다. 다만, 특별한 사정이 있는 경우 10일의 범위 안에서 조사 기간을 연장할 수 있다.
> ③ ○○○기관의 장은 제2항에 따른 조사 과정에서 피해자의 인격이나 명예가 손상되거나 사적인 비밀이 침해되지 아니하도록 하여야 한다.
> ④ 공정하고 전문적인 조사를 위하여 조사과정에 외부 전문가 등을 참여시키거나 외부 전문가의 자문을 얻을 수 있다.
> ⑤ 피해자가 조사받을 경우 피해자가 신청하면 조사에 지장을 줄 우려가 있는 등 부득이한 경우를 제외하고 신뢰관계인이 동석할 수 있도록 한다.
> ⑥ 제1항의 규정에 따라 조사가 진행 중인 사안에 대해 피해자가 법령에 따라 다른 기관에서 조사 또는 처리를 원하거나, 명시적으로 사건조사에 반대하는 경우 조사를 중지할 수 있다.
> ⑦ 성희롱·성폭력사건 조사 진행상황을 피해자에게 서면, 온라인, 전화 등 방법을 통해 알려주어야 한다.

○ 피해자의 신청에 따라 조사를 진행하여야 함을 명시
  - 조사신청은 상담과 달리 서면 등 피해자의 의사를 확인할 수 있는 방법으로써 신청하도록 하여(대리인의 경우 위임장 등 첨부) 피해자의 의사에 반하여 처리되지 않도록 함
  - 상담 단계에서도 조사 신청절차를 적극적으로 안내하여 피해자가 처리절차를 인지하지 못하여 신청을 누락하지 않도록 함
  - 조사는 상담을 진행하지 않은 고충상담원이나 별도 조사자가 진행하는 것이 바람직하며, 기관의 사정에 따라 상담을 진행한 고충상담원이 조사를 할 수 있음

○ 처리기한을 명시하되 기관내부 절차에서는 사안 처리의 비밀 유지와 신속성이 매우 중요하므로 최대한 단기간으로 설정

○ 조사 과정에서 피해자의 인격이나 명예가 손상되거나 사적인 비밀이 침해되지 아니하도록 주의하여야 함을 명시

○ 조사과정에서부터 외부 전문가 등이 조사하거나 자문을 얻을 수 있도록 명시

- 기관 관리자는 피해자의 입장보다는 기관의 안정성과 명예를 위한다는 명분으로 소극적으로 대처하여 피해자 보호에 소홀할 수 있으므로 외부전문가 또는 노동조합 등이 조사에 참여하거나 자문을 구하는 것이 전문성과 공정성을 높일 수 있음
- 외부 전문가 등이 참여, 위탁한 조사일 경우에도 고충상담원은 기관 내 조사 담당자로서 객관적 사건조사를 위한 지원, 진행사항에 대한 점검과 기관 내 2차 피해 방지를 위한 역할을 해야 함

○ 성희롱·성폭력 피해자가 조사받을 경우 신뢰관계인이 동석할 수 있도록 하되 조사에 지장을 줄 우려가 있는 등 부득이한 경우에는 이를 제한할 수 있음

○ 조사절차가 진행 중인 사안에 대해 피해자가 국가인권위원회 등 다른 기관에서 조사 또는 처리를 원하거나, 명시적으로 사건 조사를 반대하는 경우에 조사를 중지할 수 있음을 명시

- 피해자의 의사에 따라 조사가 중지되었더라도 피해자 상담 또는 모니터링을 실시하여 필요시 피해자에 대한 보호 조치 실시

○ 조사 진행상황에 대하여 피해자가 잘 알 수 있도록 서면 등으로 고지해야 함

○ 각종 서식은 「공공부문 성희롱·성폭력 사건 처리 매뉴얼」 활용

※ 성평등가족부 홈페이지 - 정책정보 - 정책자료실 - 주제별 정책자료 - 인권보호

제12조(조사결과의 보고)

제12조(조사결과의 보고) 고충상담원은 성희롱·성폭력 사안에 대한 조사를 완료한 즉시 그 결과를 ○○○기관의 장에게 보고하여야 한다.

○ 성희롱·성폭력 사안에 대한 조사 후 그 결과를 기관장에게 보고하여야 함을 명시

제13조(피해자 보호 및 비밀유지)

제13조(피해자 보호 및 비밀유지)

① ○○○기관의 장(인사·복무 등에 관한 권한을 ○○○기관의 장으로부터 위임받은 자를 포함한다. 이하 이 조에서 같다)은 사건 처리기간 동안 피해자를 보호하기 위하여 필요한 경우 해당 당사자에 대하여 근무장소의 변경, 전보, 행위자와의 업무·공간 분리, 휴가 등 적절한 조치를 하여야 한다. 이 경우 피해자의 명시적 의사에 반하는 조치를 하여서는 아니 된다.

② ○○○기관의 장은 피해자, 신고자, 조력자, 대리인에 대하여 고충의 상담, 조사신청, 협력 등을 이유로 다음 각 호의 어느 하나에 해당하는 불리한 처우를 하여서는 아니 된다.

1. 파면, 해임, 해고, 그 밖에 신분상실에 해당하는 불이익 조치
2. 징계, 정직, 감봉, 강등, 승진 제한 등 부당한 인사조치
3. 전보, 전근, 직무 미부여, 직무 재배치, 그 밖에 본인의 의사에 반하는 인사조치
4. 성과평가 또는 동료평가 등에서 차별이나 그에 따른 임금 또는 상여금 등의 차별 지급
5. 직업능력 개발 및 향상을 위한 교육훈련 기회의 제한, 예산 또는 인력 등 가용자원의 제한 또는 제거, 보안정보 또는 비밀정보 사용의 정지 또는 취급자격의 취소, 그 밖에 근무조건 등에 부정적 영향을 미치는 차별 또는 조치
6. 주의 대상자 명단 작성 또는 그 명단의 공개, 집단 따돌림, 폭행 또는 폭언 등 정신적·신체적 손상을 가져오는 행위를 하거나 그 행위의 발생을 방치하는 행위
7. 직무에 대한 부당한 감사 또는 조사나 그 결과의 공개
8. 그 밖에 피해자, 신고자, 조력자, 대리인의 의사에 반하는 불이익 조치

③ 기관의 장은 조사 결과 직장 내 성희롱·성폭력 발생 사실이 확인된 때에는 필요한 경우 피해자의 의사를 고려하여 근무장소의 변경, 배치전환, 휴가 등 적절한 조치를 하여야 한다.

④ 기관장, 고충상담원 등 성희롱·성폭력 고충과 관계된 사안을 직무상 알게 되거나 사건처리 과정에 참여한 사람은 사안의 조사 및 처리 등을 위해 필요한 경우를 제외하고는 동 사안 관계자의 신원은 물론 그 내용 등에 대하여 피해자의 의사에 반하여 이를 다른 사람에게 누설하여서는 아니 된다.

○ 조사 과정에서의 피해자 보호도 중요

○ 피해자에 대한 ‘관리자’의 불이익조치 금지 의무 외에 보호 의무도 명시함으로써 피해자에 대한 보호 조치 강화

○ 피해자와 행위자의 업무 및 공간 분리 등 피해자의 신변을 보호하기 위한 규정 마련

- 기관에서 성희롱·성폭력 사건 처리기간 동안 피해자 보호를 위해 필요시 당사자(피해자 및 행위자) 근무장소 변경, 전보 등 적절한 조치

※ 「양성평등기본법」 제31조의2제3항 및 「성폭력방지법」 제5조의4제2항('25.10.23. 시행)

○ 성희롱·성폭력과 관련된 피해의 주장이 제기된 경우에 행위자 혹은 관리자가 피해자 및 조사협조자 등에 대하여 인사, 복무 등에 있어서 불리한 처우를 하지 못함을 명시하고 불리한 처우를 열거

○ 조사 결과 성희롱·성폭력 발생 사실이 확인된 때에는 피해자의 의사를 고려하여 근무장소의 변경, 배치전환, 휴가 등 적절한 조치를 하여야 함을 명시

○ 고충상담원, 고충심의위원회 위원 등 성희롱·성폭력 사안을 직무상 알게 된 자는 사안의 조사 및 행위자 징계 등의 처리를 위하여 필요한 경우를 제외하고는 피해자 및 행위자 등 관계자의 신원과 신청 내용 등에 관해 비밀을 유지할 의무가 있음을 명시

- 비밀유지에 대한 서약서를 작성하고 피해자에 대한 정보가 노출되지 않도록 유의

제14조(고충심의위원회의 설치 및 구성)

제14조(고충심의위원회의 설치 및 구성)

① 성희롱·성폭력 사건을 심의하기 위하여 성희롱·성폭력 고충심의위원회(이하 "위원회"라 한다)를 구성한다.

② 위원회는 위원장을 포함하여 최소 6인의 위원으로 구성한다.

③ 위원장은 OOO기관의 장이 지명하는 자로 한다.

④ 위원은 남성 또는 여성의 비율이 전체 위원의 10분의 6을 초과하여서는 아니되며, 위원 중 2명 이상을 외부 성희롱·성폭력 방지 관련 전문가들(이하 "외부위원"이라 한다)로 위촉한다.

⑤ 위원회의 개최 등 위원회의 사무를 처리하기 위하여 간사 1인을 두되, 간사는 고충상담원으로 한다.

⑥ 성희롱·성폭력 사건은 위원회를 반드시 경유하도록 한다. 다만 예외적인 사유가 있는 경우는 제외한다.

※ 중앙행정기관, 시·도, 시·군·구(자치구), 시·도 교육청의 경우 추가

⑦ 제4항 후단에도 불구하고 OOO기관의 장(중앙행정기관의 장, 시·도지사, 시장·군수·구청장(자치구의 구청장), 교육감)이 성희롱·성폭력 행위자로 지목된 경우에는 내부위원과 외부위원을 각각 동수로 구성하여야 한다.

○ 사안의 심의를 위하여 위원회의 설치와 구성에 관한 사항 명시

- 기관 사정에 따라 상설 위원회로 두거나 성희롱·성폭력 사건 발생 시 구성하여 운영할 수 있음
- 위원회의 구성 방식은 기관의 사정에 따라 다를 수 있으나, 전문성과 대표성을 고려하여 구성
- 위원장은 기관장이 지명하는 자로 함

- 심의의 객관성과 중립성을 위하여 고충상담원은 간사로만 참여하고, 위원회 위원으로서 심의에 참여하는 것은 지양, 또한 고충상담, 사건조사 등 사건처리 과정에 관여한 내부구성원, 외부전문가 역시 위원으로서 심의에 참여하는 것은 바람직하지 않음
- 전체 위원 중 남성 또는 여성의 비율이 60%를 초과할 수 없게 하여 처리의 편향성에 대한 시비의 소지 제거

○ 상시 종사자 30인 미만의 기관은 최소 3인(외부위원은 1인 이상)으로 위원회 구성 가능(단, 기관장 포함 5인 이하의 기관은 여건에 따라 자율적으로 구성)

- 이 경우 남성 또는 여성 위원의 비율이 전체 위원의 10분의 7을 초과하여서는 아니된다.

○ 고충심의위원회의 객관성을 담보하고, 피해자에 대한 구제 절차와 행위자에 대한 조치가 적절하게 취해질 수 있도록 최소 2인 이상의 외부 전문가를 위원회에 참여시킬 필요가 있음

○ 성희롱·성폭력 사건은 고충심의위원회를 반드시 경유하도록 하되 조사 중지 사유 발생, 학생 - 학생(학폭위 사건)간 사건 등 예외적인 경우는 제외

○ 중앙행정기관, 시·도, 시·군·구 및 시·도 교육청은 아래와 같이 조항 추가

- 기관장이 연루된 성희롱·성폭력 사건이 발생할 경우 피해자 보호조치, 재발 방지대책을 심의·의결하기 위해 고충심의위원회를 소집·운영할 수 있으며, 내부위원과 외부 전문가를 동수로 구성

제15조(고충심의위원회의 운영)

제15조(고충심의위원회의 운영)

① 위원회의 회의는 위원장이 소집한다.

> ※ 중앙행정기관, 시·도, 시·군·구(자치구), 시·도 교육청의 경우 수정
> ① 위원회의 회의는 위원장이 소집한다. 다만, ○○○기관의 장(중앙행정기관의 장, 시·도지사, 시장·군수·구청장(자치구의 구청장), 교육감)이 성희롱·성폭력 행위자로 지목된 경우에는 사건 발생 사실을 안 날로부터 7일 이내에 회의를 개최하여야 한다.

② 사건의 당사자 또는 사건과 특수한 관계를 가진 자는 해당 심의·의결에서 제척된다. 사건 당사자는 특정 위원이 심의·의결의 공정성을 기대하기 어려운 사정이 있는 경우 위원회에 위원의 기피를 신청할 수 있고, 위원 본인도 직·간접적으로 이해관계가 있는 안건의 심의에 대해 회피할 수 있다.

③ 위원장은 기피 신청을 받으면 기피 여부에 대한 결정을 한다. 이 경우 기피 신청의 대상이 된 위원에게서 그에 대한 의견을 받을 수 있다.

④ 위원회는 다음 각 호에 관하여 심의한다.

> ※ 중앙행정기관, 시·도, 시·군·구(자치구), 시·도 교육청의 경우 수정
> ④ 위원회는 다음 각 호에 관하여 심의한다. 다만, ○○○기관의 장(중앙행정기관의 장, 시·도지사, 시장·군수·구청장(자치구의 구청장), 교육감)이 성희롱·성폭력 행위자로 지목되었을 경우 제1호에 대해서는 심의하지 아니 한다.

1. 성희롱·성폭력의 판단(2차 피해 포함)
2. 피해자에 대한 보호 조치
3. 2차 피해 방지를 위한 조치
4. 그 밖에 성희롱·성폭력의 재발 방지에 관한 사항

⑤ 위원회의 심의는 재적위원 과반수 찬성으로 의결한다.

⑥ 위원회는 심의결과를 ○○○기관의 장에게 보고하여야 한다.

○ 회의 소집 및 의결 등 운영에 관한 사항 규정

- 종사자 규모 및 운영 여건 등 기관별 사정을 고려하여 위원장의 직무 및 회의 소집방법, 의사·의결 정족수 등을 정할 수 있으며, 회의 운영 및 의결에 있어 공정성 및 정당성이 확보될 수 있도록 함

○ 공정한 사건 심의를 위해 신고인 등 당사자와 위원 간 기피신청 및 회피 권리 포함

○ 성희롱·성폭력 성립 여부뿐만 아니라 피해자의 보호 조치 등의 조치도 위원회에서 심도 깊게 논의할 수 있도록 심의사항을 명시

○ 서면 통보 시 통보서에 신고 된 내용, 인정된 내용, 심의결과 등을 명시

○ 중앙행정기관, 시·도, 시·군·구 및 시·도 교육청은 아래와 관련하여 조항 수정 및 추가

- 기관장이 연루된 성희롱·성폭력 사건이 발생할 경우, 신속한 피해자 보호 및 재발방지대책 논의를 위해 위원회 조기 소집

제16조(조사 등 결과 통지)

> **제16조(조사 등 결과 통지)**
> ○○○기관의 장은 당사자에게 별지 제○○호 서식에 따라 서면으로 사건 조사결과 및 위원회의 심의결과 등을 지체 없이 통지하여야 한다.

○ 고충상담원의 조사 및 고충심의위원회의 심의 결과를 당사자에게 통지해야 함을 규정

○ 기관장이 행위자일 경우에는 당사자에 인사·복무에 관한 권한을 위임받은 자를 포함

제17조(징계)

> **제17조(징계)**
> ① ○○○기관의 장은 성희롱·성폭력에 해당한다고 인정될 경우 행위자에 대하여 무관용의 원칙에 따라 징계 등 제재절차가 이루어지도록 하여야 한다.
> ② ○○○기관의 장은 제1항에 따른 징계 등 제재 절차에서 피해자에게 의견 진술 기회를 부여해야 한다.
> ③ ○○○기관의 장은 성희롱·성폭력 사건을 은폐하거나 피해자에게 2차 피해를 준 경우 관련자를 엄중 징계한다.
> ④ ○○○기관의 장은 조사 중인 성희롱·성폭력 행위가 중징계에 해당되는 사항이라고 판단되는 경우 의원면직을 허용하여서는 아니 된다.

○ 성희롱·성폭력 방지를 위해서는 행위자에 대한 엄중 징계가 필요하므로 무관용의 원칙 적용 명시 필요

- 성희롱·성폭력에 해당하는 경우에는 법령에 따른 징계사유에 해당하므로 임의로 징계절차를 생략할 수 없음

○ 성희롱·성폭력 행위자에 대한 조치 전 피해자의 의견을 듣도록 명시하여 피해자의 의견을 존중하도록 함

○ 성희롱·성폭력 사건을 은폐하거나 피해자에게 근로권, 학습권 등에 대한 추가 피해가 발생한 경우 관련자에 대한 엄중 징계를 통해 성희롱·성폭력 방지 효과 기대

- 사건에 대한 소문을 확산시킴은 성희롱·성폭력 2차 가해임을 주지시키고, 발견 시 처벌받을 수 있음을 고지함으로써 2차 피해에 대하여 예방할 수 있음

○ 행위자에 대한 징계조치 시 재발방지 교육(특별인권교육)을 병과하여 실시할 수 있음

○ 성범죄 행위자가 의원면직 등을 통해 징계를 피하려는 것을 사전 차단하여 철저한 성범죄 예방과 엄정 대응 필요

○ 성희롱·성폭력 피해자 등에게 2차 피해를 입힌 경우 해당 기관의 징계 기준에 해당할 경우 징계 가능

제18조(재발방지조치 등)

제18조(재발방지조치 등)

① ○○○기관의 장은 성희롱·성폭력의 재발 방지를 위하여 사건 발생 시 재발방지대책(2차 피해 방지 포함)을 수립·시행한다.

② 재발방지대책에는 사건처리 경과 및 조치결과에 관한 사항, 성희롱·성폭력 방지조치 및 예방교육의 개선 등에 관한 사항, 피해자에 대한 불이익 조치 금지 및 보호 조치 등 2차 피해 방지에 관한 사항, 그 밖에 기관 내 성희롱·성폭력 사건의 재발방지를 위하여 필요한 사항을 포함한다.

③ ○○○기관의 장은 성희롱·성폭력 방지를 위하여 필요하다고 인정되는 경우 특별 성희롱·성폭력 예방교육, 성희롱·성폭력의 실태 또는 인식에 대한 조사 등을 실시할 수 있다.

④ ○○○기관의 장은 성희롱·성폭력 사건 행위자 재발방지를 위한 인식개선 교육을 실시하여야 한다.

⑤ ○○○기관의 장은 제1항에 따른 재발방지대책을 사건이 발생한 사실을 안 날부터 3개월 이내에 성평등가족부와 주무부처에 제출하여야 한다. 다만, 공직유관단체의 경우에는 해당 공직유관단체의 업무를 관장하는 행정기관의 장에게도 제출하여야 한다.

※ 중앙행정기관, 시·도, 시·군·구(자치구), 시·도 교육청의 경우 추가

⑥ 제5항에도 불구하고, ○○○기관의 장(중앙행정기관의 장, 시·도지사, 시장·군수·구청장(자치구의 구청장), 교육감)에 의한 성폭력 사건인 경우 해당 사실을 안 날부터 1개월 이내에 재발방지대책을 성평등가족부장관에게 제출하여야 한다.

○ 성희롱·성폭력 사안의 처리방법을 규정

- 성희롱·성폭력 재발방지대책은 1) 사건처리 경과 및 조치에 관한 사항, 2) 성희롱·성폭력 방지조치 및 예방교육의 개선 등에 관한 사항, 3) 2차 피해 방지에 관한 사항, 4) 그 밖에 기관 내 성희롱·성폭력 사건의 재발방지를 위하여 필요한 사항을 포함하여, 표준서식에 맞춰 수립

* 「양성평등기본법 시행령」 제20조의2, 「성폭력방지법 시행령」 제2조의3

- 성희롱·성폭력 사건 행위자에 대해 자체 재발방지 프로그램을 마련하거나 민간단체 등에서 운영하는 행위자 재발방지 교육을 이수하도록 함
  다만, 동일 사건으로 법원 판결 등에 따른 성폭력 치료프로그램 등을 이수한 경우에는 제외함
- 수립한 재발방지대책은 성평등가족부에 예방교육통합관리시스템(https://shp.mogef.go.kr) 내 「사건관리시스템」으로 제출하고, 주무부처에도 제출
  * (국가기관, 지자체, 공직유관단체, 대학) 시스템 이용
  * (각급학교 등) 성평등가족부 홈페이지 등록된 양식과 함께 공문으로 제출(성평등가족부 성폭력방지과 수신)
    성평등가족부 홈페이지 – 정책정보 – 정책자료실 – 주제별 정책자료 – 인권보호

○ 성평등가족부장관은 재발방지대책의 점검 등을 위하여 제출된 재발방지대책에 대한 보완을 요청할 수 있으며, 필요한 경우 현장점검을 실시하고, 점검 결과 시정이나 보완을 요구할 수 있음
- 성평등가족부가 현장점검 여부 등을 판단하기 위해 기관이 제출한 재발방지대책에 대한 보완 요청 시, 해당 기관은 이에 적극적으로 협조
- 현장점검 결과 통보받은 시정·보완 요구사항에 대해서는 이행실적 및 계획을 작성하여 지정된 기간 내에 성평등가족부에 제출

○ 기관에서 성폭력·성희롱 사건이 발생한 사실을 알게 된 경우, 해당 사실을 안 날부터 3개월 이내에 재발방지대책을 성평등가족부장관에게 제출
  ※ 「양성평등기본법」 제31조의2 및 「성폭력방지법」 제5조의4
- 다만 성폭력방지법 시행령으로 정하는 기관장*에 의한 성폭력 사건일 경우 해당 사실을 안 날부터 1개월 이내에 재발방지대책을 성평등가족부장관에게 제출
  * 중앙행정기관의 장, 시·도지사, 시장·군수·구청장(자치구의 구청장) 또는 교육감
  ※ 「성폭력방지법」 제5조의4 제1항 단서, 동법 시행령 제2조의3 제2항
- 피해자와 행위자가 속한 기관이 다를 경우, 재발방지를 위해 행위자가 속한 기관에서 사건 통보와 재발방지대책 수립·제출하고, 이 경우 피해자 기관은 피해자 보호 및 지원, 2차 피해 예방을 위한 필요한 조치를 함
  ※ 피해자 소속 기관의 협조 등을 통해 피해자 통보 동의 의사 확인 필요
  ※ 통보 및 제출 의무 위반시 시정명령 및 과태료 부과 대상은 행위자가 속한 기관이 됨

○ 성폭력 사건 재발방지대책을 법정기한 내 제출하지 아니한 경우 성평등가족부 장관은 해당 기관에 시정을 명할 수 있고, 시정명령 미이행시 5백만원 이하의 과태료를 부과

※ 「성폭력방지법」 제22조제1항 및 제38조제1항

성폭력 예방지침 표준안 및 해설 (유치원·어린이집용)

(예방조치 제도 문의 : 성폭력방지과 02-2100-6429, 6392)
(사건대응 문의 : 성폭력방지과 02-2100-6168, 6169)
(폭력예방교육 관련 문의 : 폭력예방교육과 02-2100-6445)

※ 본 지침은 기관 내 성폭력 예방지침의 마련을 위한 안내이고, 각 기관은 본 내용을 참조해 기관 실정에 맞게 자체 지침 제정(성희롱 예방지침을 이행해야 하는 기관은 기 통보된 '성희롱·성폭력 표준안 및 해설' 활용)

제1조(목적)

제1조(목적) 이 지침은 성폭력방지 및 피해자 보호 등에 관한 법률 제5조 및 같은법 시행령 제2조에 따라 ○○○ 기관의 장이 성폭력 예방을 위하여 필요한 사항을 정함을 목적으로 한다.

제2조(적용범위)

제2조(적용범위) ① 이 지침은 ○○○기관의 장과 소속 구성원(○○○기관의 장과 고용관계에 있는 자, 소속 원생을 포함)에게 적용되며, ○○○기관의 통제범위 내에 있는 것으로 인정되거나 업무관련성이 있는 제3자가 피해자인 성폭력을 포함한다.
② 이 지침의 피해자 보호는 피해자, 신고자, 조력자, 대리인에게도 적용된다.

○ 지침의 적용대상에는 기관장을 포함한 재직 중 전 구성원(비정규직, 인턴, 사회복무요원, 무기계약(공무직)·기간제·시간제 근로자 등 포함)과 소속 원생이 포함되어야 함

○ 기관과 업무관련성이 있는 제3자까지 적용범위에 넣음으로써 기관이 해결하여야 할 성폭력의 범위를 확장해서 명시

제3조(성폭력의 정의)

제3조(정의) 이 지침에서 사용하는 용어의 뜻은 다음과 같다.
1. '성폭력'이란 「성폭력범죄의 처벌 등에 관한 특례법」 제2조제1항에 규정된 죄에 해당하는 행위를 말한다.
2. '2차 피해'란 「여성폭력방지법」 제3조제3호에 규정된 2차 피해에 해당하는 피해를 입는 것을 말한다.

○ 「성폭력범죄의 처벌 등에 관한 특례법」에 근거한 성폭력 개념 명시

○ 「여성폭력방지법」에 근거한 2차 피해 개념 명시

제4조(기관장의 책무)

> **제4조(○○○장의 책무)**
> ① ○○○기관의 장은 성폭력 방지를 위한 다음 각 호의 제반 조치를 강구하고 시행할 책무가 있으며, 성폭력 발생 시 필요한 조치를 적절하고 신속하게 이행하여야 한다.
> 1. 성폭력 예방교육의 실시
> 2. 성폭력 고충상담창구의 설치·운영
> 3. 성폭력 고충처리절차 마련
> 4. 성폭력 피해자의 보호 및 2차 피해 예방
> 5. 성폭력 근절의지 및 행위자 무관용의 원칙 천명
> 6. 소속구성원에 대한 성폭력 예방 홍보
> 7. 성폭력 예방교육 참석 및 관련 예산 확보
> 8. 성평등한 조직문화의 정착을 위한 노력 등
>
> ② ○○○기관의 장은 제1항에 따른 조치를 이행하기 위하여 매년 성폭력 방지조치 연간 추진계획을 수립하여야 한다.

○ 기관장에게 성폭력 방지조치 및 사건 발생 시 적절한 구제절차를 이행할 의무가 있음을 명시

○ 기관장에게 피해자 보호의 의무가 있음을 명시

○ 성폭력 행위자에 대한 무관용 원칙을 조직 구성원에게 천명함으로써 성폭력 예방 효과를 높임

○ 성폭력 예방지침을 구성원들에게 적극 알려 성폭력에 대한 인식을 개선하고 사건 발생 시 피해자 보호와 구제절차를 안내

○ 성폭력 방지에 있어 기관장의 역할이 중요하므로 기관장이 예방교육에 반드시 참석할 필요가 있음

○ 고충상담원 교육, 전문강사에 의한 교육 실시 등 성폭력 방지를 위한 예산 확보 필요

○ 성폭력 방지조치 실효성 확보를 위하여 연간 추진계획의 수립 필요

제5조(고충상담창구)

제5조(고충상담창구) ① 성폭력 예방을 위한 업무의 처리와 소속 구성원의 성폭력 피해 상담, 성폭력 사건의 조사 및 처리를 위하여 ○○부서에 성폭력 고충상담창구(이하 "고충상담창구"라 한다) 및 고충상담원을 두고 조직 내외에 적극 알려 이를 인지할 수 있도록 한다.
② ○○○기관은 고충상담창구의 업무를 처리하기 위하여 성폭력 고충상담원(이하 "고충상담원"이라 한다)을 2인 이상 지정하여야 하며, 남성 및 여성이 반드시 각 1인 이상 포함되도록 구성한다.
③ 고충상담창구의 업무는 다음 각 호와 같다.
1. 성폭력 피해(2차 피해 포함)에 대한 상담
2. 성폭력 사건에 대한 고충의 접수·조사 및 처리
3. 성폭력 사건 처리 관련 부서 간 협조·조정에 관한 사항
4. 성폭력 재발 방지 대책의 수립과 이행에 관한 사항
5. 성폭력 고충 처리 절차에 관한 사항
6. 성폭력 예방을 위한 교육·홍보 등 기타 성폭력 예방 업무
④ 고충상담창구 내에 별지 제○○호 서식의 고충접수 및 처리대장, 성폭력 고충처리 절차를 비치하여야 한다.
제5조의2(사이버신고센터) ① ○○○기관의 장은 성폭력 피해 신고의 편의성을 위하여 사이버신고센터를 설치·운영하여야 하고 스마트폰, 태블릿 PC 등 모바일에서 신고센터를 운영할 수 있다.
② 사이버신고센터 등 운영을 조직 구성원들에게 적극 알려 이를 인지할 수 있도록 한다.

○ 고충상담창구의 설치 명시
- 고충상담창구 설치뿐만 아니라 조직 구성원 등이 이를 인지할 수 있도록 안내 필요
- 성폭력 사안은 소속 직원의 복무조건과 밀접히 연관된 사항이므로 복무담당 부서의 소관으로 우선 고려할 수 있으나, 고충 처리 절차의 공정성과 전문성 제고를 위해 기관의 여건에 따라 외부 전문기관 등을 지정할 수 있음

○ 고충담당자를 2인 이상 지정하되 남·녀 각 1인 이상으로 지정
- 상시근로자 중 어느 한 성(性)이 5인 미만일 경우 남·녀 구분없이 동일 성으로 2인 이상 지정 가능
- 상시근로자 30인 미만 기관은 1인 이상 지정 가능

○ 기관 규모와 상관없이 모든 기관은 고충상담창구를 설치·운영하여야 하고, 상담 내용의 비밀 보장과 피해자 보호 등을 위해 상시근로자 30인 이상 근무 기관은 원칙적으로 독립된 공간의 고충상담창구를 설치해야 함
- 독립된 공간의 고충상담창구 설치에 대해 상시근로자 30인 미만 근무기관의 경우는 예외로 하되, 상담 시 비밀이 보장되는 환경이 되도록 할 것

○ 병설유치원의 경우 필요한 경우 병설한 학교의 고충상담창구 및 담당자와 통합하여 운영 가능

○ 고충상담창구의 업무 예시

- 고충상담창구의 업무로 상담과 조사 기능을 수행하여야 하나 기관의 사정과 필요에 따라 분리 운영할 경우 각각의 역할분담과 역할수행에 대하여 명확하게 지침에 명시하도록 함
- 성폭력 관련 상담 및 고충처리를 위한 공식 창구로서 고충의 접수·처리·재발 방지·교육 및 모니터링(사건처리에 따른 조치 이행사항) 등 성폭력 방지조치의 이행과 관련된 업무를 지침에 명시하도록 함

○ 직접적인 대면 내지 전화 상담이 어려운 피해자의 상담 및 신고를 위하여 사이버 신고센터 설치(30인 미만 기관은 자율적으로 설치)

- 사이버신고센터에 신고 된 사실이나 내용은 고충상담원만 열람할 수 있는 형태로 운영하여 2차 피해를 방지
- 스마트폰, 태블릿 PC 등 모바일신고가 가능하도록 모바일 신고센터까지 확대 운영 권고

○ 상담, 조사 등 사건처리 절차들을 여러 부서에서 나눠서 담당하는 경우, 총괄 부서를 지정하여 피해자 지원의 사각지대가 발생하지 않도록 노력 필요

제6조(고충처리 업무의 지원)

제6조(고충처리 업무의 지원)

① ○○○기관은 고충상담원의 성폭력 관련 상담 및 고충처리 업무 역량강화를 위해 외부 전문기관 교육수강을 적극 지원하여야 한다.

② 신규로 임명된 고충상담원은 임명된 날부터 3개월 이내에 성폭력 상담 및 고충처리 관련 전문교육을 이수하여야 한다. 다만, 불가피한 상황이 발생한 경우 6개월 이내에 이수할 수 있다.

③ 기관의 장은 고충상담원이 고충처리 업무를 행할 때 공정하고 독립적으로 임할 수 있도록 보호하고 지원하여야 한다.

④ ○○○기관의 장은 제5조 제3항의 고충상담창구의 업무를 지원하기 위해 외부 전문가를 선임할 수 있다.

⑤ ○○○기관의 장은 성폭력 상담의 공신력과 전문성을 제고하기 위하여 제5조에 따른 고충상담창구와 제5조의2에 따른 사이버신고센터의 업무를 외부전문기관에 위탁할 수 있다.

○ 성폭력 관련 상담 및 고충처리 업무 종사자에 대한 전문적인 교육훈련의 시기와 횟수를 명시

- 기관에서는 고충상담원의 관련 상담 및 고충처리 업무 역량강화를 위해 기관 고충상담원이 3년마다 교육을 충실히 이수할 수 있도록 지원
- 신규로 임명된 고충상담원은 3개월 이내 전문교육을 이수하되, 교육기관에 의한 사정 등 불가피한 경우 6개월 이내 반드시 전문교육을 이수해야 함

* 단, 현재 소속한 기관에서 신규 고충상담원으로 지정되었으나, 이전 소속기관에서 고충상담원으로 근무하면서 고충상담원 교육을 이수한 후 3년이 경과되지 않은 자는 교육 이수한 것으로 인정

○ 기관의 장은 고충상담원이 고충처리 업무를 행할 때 공정하고 독립적으로 임할 수 있도록 보호하고 지원하여야 함

- 행위자, 기타 조직구성원이 고충상담원, 성폭력 고충심의위원회 위원 등 고충상담원에 대해 부당한 비난, 압박, 강요, 협박 등으로 공정한 사건처리를 방해하는 것 금지

○ 피해자가 근무 조건 등 불이익을 우려하여 직장 동료와 상담하는 것을 거부하거나 두려워할 경우를 대비하여 외부전문가를 고충상담원으로 지정할 수 있음

○ 성폭력의 상담과 조사에 관한 업무의 전문성과 독립성을 위해 외부기관에 위탁할 수 있음

- 피해자는 근무 조건 및 불이익을 우려하여 직장 내에서 상담하는 것에 대한 거부감과 두려움이 있을 수 있으므로 외부기관에 업무를 위탁할 수 있음

제7조(예방교육)

제7조(예방교육)

① ○○○기관의 장은 매년 연초 성폭력 예방교육의 실시 시기·내용·방법 등에 관한 세부 실시계획을 수립하여야 한다.

② 성폭력 예방교육은 전문가 강의, 시청각 교육, 사이버교육 등의 방법으로 매년 1시간 이상 실시하되 최소 1회는 대면교육으로 실시하여야 하며, 다음 각 호의 내용이 포함되어야 한다.

1. 성폭력 관련 법령 및 지침
2. 성폭력 발생 시의 처리절차 및 조치기준
3. 성폭력 피해자에 대한 고충상담, 구제절차 및 보호조치
4. 성폭력을 한 자에 대한 징계 등 제재조치
5. 기타 성폭력 예방에 관한 사항 등

③ 신규임용된 사람에 대해서는 임용된 날부터 2개월 이내에 교육을 실시하여야 한다(성폭력방지 및 피해자보호 등에 관한 법률 시행령 제2조제2항제1호)

④ ○○○기관의 장은 성폭력 예방교육 효과 제고를 위하여 1년에 1회 관리자 대상 별도 교육을 실시할 수 있고, 원생에게는 오리엔테이션 등을 통해 성폭력 예방교육을 실시할 수 있다.

⑤ 성폭력 예방교육을 실시한 경우에 교육일시 및 방법, 교육참석자 명단, 교육내용, 교육사진, 강사프로필 등에 관한 실시결과를 ○○○기관의 장에게 보고하여야 한다.

⑥ ○○○기관의 장은 성폭력 예방교육의 내용을 구성원이 자유롭게 열람할 수 있는 장소나 인터넷사이트에 항상 게시하거나 갖추어 두어 구성원에게 널리 알려야 한다.

○ 소관 부서에서 성폭력 예방교육의 세부실시계획을 수립하여 기관장에게 보고하도록 함

○ 성폭력 예방교육의 방법을 예시하고, 교육에 포함하여야 할 내용을 명시
- 교육의 방법은 성평등가족부 산하 한국양성평등교육진흥원 「강사찾기」 등을 활용한 전문가 강의와 기관 내 담당자의 설명을 병행하는 것이 바람직
- 교육의 내실화를 위해서는 기관장 훈시 혹은 영상물 시청만으로는 미흡하며 별도의 충분한 시간을 확보하여 교육을 실시하도록 함
- 예방교육은 관련 법령에 따라 매년 최소 1회는 대면교육으로 실시해야 함
- 신규 임용된 사람에 대해서도 성폭력 방지 및 권리구제 등에 관한 예방교육 필요

○ 업무 및 조직의 특수성에 따라 고객 등에 의한, 고객에 대한 성폭력 발생 방지 및 대처 교육 필요

○ 성폭력 방지 효과성 제고와 피해자에 대한 적절한 구제 및 보호를 위하여 고위직과 관리자 대상으로 별도 교육 실시 권장

○ 교육실시] 과를 기관장에게 보고하도록 함

- 예방교육 실시계획 및 결과는 기관장의 결재를 얻도록 하고 교육 참석자 명단은 서명(날인)을 받아 증빙자료로 보관

○ 예방교육의 내용은 구성원이 손쉽게 열람할 수 있도록 게시하여야 함

제8조(고충상담)

> **제8조(고충상담)**
> ① 성폭력과 관련하여 상담을 원하는 소속구성원은 서면, 전화, 온라인 및 방문 등의 방법으로 고충상담창구에 상담을 신청할 수 있다.
> ② 고충상담원은 상담의 신청을 받은 경우에 지체없이 상담에 응하여야 하며, 조사신청 등 처리절차를 안내하여야 한다.

○ 성폭력 고충상담 신청의 방법 안내

- 상담 시에는 관련 법령, 조사 및 처리절차 등 피해자에게 필요한 정보를 제공하여야 함을 명시하는 것이 바람직
- 피해자가 고충업무 담당부서가 아닌 자신의 상급자나 관리자에게 상담이나 고충처리를 요청하였을 때에는 고충상담창구 등 처리절차를 안내하고 이관하여 처리하는 것이 바람직

제9조(통보 의무)

> **제9조(통보 의무)** 국가기관등의 장은 해당 기관에서 성폭력 사건이 발생한 사실을 알게 된 경우 피해자의 명시적인 반대의견이 없으면 지체 없이 그 사실을 성평등가족부장관에게 통보한다.

○ 기관에서 성폭력 사건이 발생한 사실을 알게 된 경우 피해자의 명시적인 반대의견이 없으면 지체 없이 사건을 성평등가족부로 통보

※ 「성폭력방지법」 제5조의4

- 유치원, 어린이집은 사건 통보 서식을 성평등가족부 홈페이지에 등록된 양식과 함께 공문으로 제출(성평등가족부 성폭력방지과 수신)

※ 성평등가족부 홈페이지 – 정책정보 – 정책자료실 – 주제별 정책자료 – 인권보호

- 고충상담이나 피해 신고를 받은 고충상담원은 피해자(또는 대리인)에게 성평등가족부에 사건을 통보할 의무가 있음을 안내하여야 함
- 이 경우 통보 의무는 피해자(또는 대리인)가 조사를 원할 경우, 사건(통보) 동의 의사를 확인하여 기관장에게 보고할 때 발생함
- 피해자와 행위자가 속한 기관이 다를 경우, 재발방지를 위해 행위자가 속한 기관에서 사건 통보와 재발방지대책 수립·제출하고, 이 경우 피해자 기관은 피해자 보호 및 지원, 2차 피해 예방을 위한 필요한 조치를 함

※ 피해자 소속 기관의 협조 등을 통해 피해자 통보 동의 의사 확인 필요

※ 통보 및 제출 의무 위반시 시정명령 및 과태료 부과 대상은 행위자가 속한 기관이 됨

○ 통보받은 사건이 중대하다고 판단되는 경우, 성평등가족부가 해당 기관에 대한 현장점검을 실시하고, 점검 결과 해당 기관에 시정이나 보완을 요구

※ 피해자가 다수인 성폭력 사건, 그 밖에 피해의 내용과 규모 등을 고려하여 점검이 필요하다고 인정하는 사건

- 성평등가족부가 사건의 중대성 등을 판단하기 위해 통보된 사건통보서 등에 대한 보완을 요청하거나 현장점검을 위한 자료요구를 받은 경우, 해당 기관은 적극적으로 협조
- 현장점검 결과 통보받은 시정·보완 요구사항에 대해서는 이행실적 및 계획을 작성하여 지정된 기간 내에 성평등가족부에 제출

○ 피해자가 명시적으로 반대하지 않았음에도 성평등가족부로 성폭력 사건 발생 사실을 통보하지 아니한 경우 성평등가족부장관은 해당 기관에 시정을 명할 수 있고, 시정명령 미이행시 5백만원 이하의 과태료 부과

※「성폭력방지법」 제22조제1항 및 제38조제1항

(참고) 피해자(또는 대리인)가 조사를 원할 경우, 사건 통보 동의 의사를 확인하여 기관장에게 보고한 때 기준

제10조(조사)

> **제10조(조사)**
> ① 성폭력 고충에 대한 조사를 원하는 피해자(피해자의 대리인을 포함한다)는 서면 또는 정보통신 등의 방법으로 별지 제○○호 서식의 성폭력 조사 신청서를 제출하여야 하며, 고충상담원은 지체 없이 조사 신청을 접수하여야 한다.
> ② 고충상담원은 제1항에 따른 신청서를 접수한 날로부터 신속하게 조사를 실시하여야 하며, 20일 이내에 조사를 완료하여야 한다. 다만, 특별한 사정이 있는 경우 10일의 범위 안에서 조사 기간을 연장할 수 있다.
> ③ ○○○기관의 장은 제2항에 따른 조사 과정에서 피해자의 인격이나 명예가 손상되거나 사적인 비밀이 침해되지 아니하도록 하여야 한다.
> ④ 공정하고 전문적인 조사를 위하여 조사과정에 외부 전문가 등을 참여시키거나 외부 전문가의 자문을 얻을 수 있다.
> ⑤ 피해자가 조사받을 경우 피해자가 신청하면 조사에 지장을 줄 우려가 있는 등 부득이한 경우를 제외하고 신뢰관계인이 동석할 수 있도록 한다.
> ⑥ 제1항의 규정에 따라 조사가 진행 중인 사안에 대해 피해자가 법령에 따라 다른 기관에서 조사 또는 처리를 원하거나, 명시적으로 사건조사에 반대하는 경우 조사를 중지할 수 있다.
> ⑦ 성폭력사건 조사 진행상황을 피해자에게 서면, 온라인, 전화 등 방법을 통해 알려주어야 한다.

○ 피해자의 신청에 따라 조사를 진행하여야 함을 명시

- 조사신청은 상담과 달리 서면 등 피해자의 의사를 확인할 수 있는 방법으로써 신청하도록 하여(대리인의 경우 위임장 등 첨부) 피해자의 의사에 반하여 처리되지 않도록 함
- 상담 단계에서도 조사 신청절차를 적극적으로 안내하여 피해자가 처리절차를 인지하지 못하여 신청을 누락하지 않도록 함
- 조사는 상담을 진행하지 않은 고충상담원이나 별도 조사자가 진행하는 것이 바람직하며, 기관의 사정에 따라 상담을 진행한 고충상담원이 조사를 할 수 있음

○ 처리기한을 명시하되 기관내부 절차에서는 사안 처리의 비밀 유지와 신속성이 매우 중요하므로 최대한 단기간으로 설정

○ 조사 과정에서 피해자의 인격이나 명예가 손상되거나 사적인 비밀이 침해되지 아니하도록 주의하여야 함을 명시

○ 조사과정에서부터 외부 전문가 등이 조사하거나 자문을 얻을 수 있도록 명시
- 기관 관리자는 피해자의 입장보다는 기관의 안정성과 명예를 위한다는 명분으로 소극적으로 대처하여 피해자 보호에 소홀할 수 있으므로 외부전문가 등이 조사에 참여하거나 자문을 구하는 것이 전문성과 공정성을 높일 수 있음
- 외부 전문가 등이 참여, 위탁한 조사일 경우에도 고충상담원은 기관 내 조사담당자로서 객관적 사건조사를 위한 지원, 진행사항에 대한 점검과 기관 내 2차 피해 방지를 위한 역할을 해야 함

○ 성폭력 피해자가 조사받을 경우 신뢰관계인이 동석할 수 있도록 하되 조사에 지장을 줄 우려가 있는 등 부득이한 경우에는 이를 제한할 수 있음

○ 조사절차가 진행 중인 사안에 대해 피해자가 국가인권위원회 등 다른 기관에서 조사 또는 처리를 원하거나, 명시적으로 사건 조사를 반대하는 경우에 조사를 중지할 수 있음을 명시

○ 조사 진행상황에 대하여 피해자가 잘 알 수 있도록 서면 등으로 고지해야 함

○ 각종 서식은 「공공부문 성희롱·성폭력 사건 처리 매뉴얼」 활용

※ 성평등가족부 홈페이지 – 정책정보 – 정책자료실 – 주제별 정책자료 – 인권보호

제11조(조사결과의 보고)

제11조(조사결과의 보고) 고충상담원은 성폭력 사안에 대한 조사를 완료한 즉시 그 결과를 ○○○기관의 장에게 보고하여야 한다.

○ 성폭력 사안에 대한 조사 후 그 결과를 기관장에게 보고하여야 함을 명시

제12조(피해자 보호 및 비밀유지)

제12조(피해자 보호 및 비밀유지)

① ○○○기관의 장(인사·복무 등에 관한 권한을 ○○○기관의 장으로부터 위임받은 자를 포함한다. 이하 이 조에서 같다)은 사건 처리기간 동안 피해자를 보호하기 위하여 필요한 경우 해당 당사자에 대하여 근무장소의 변경, 전보, 행위자와의 업무·공간 분리, 휴가 등 적절한 조치를 하여야 한다. 이 경우 피해자의 명시적 의사에 반하는 조치를 하여서는 아니 된다.

② ○○○기관의 장은 피해자, 신고자, 조력자, 대리인에 대하여 고충의 상담, 조사신청, 협력 등을 이유로 다음 각 호의 어느 하나에 해당하는 불리한 처우를 하여서는 아니 된다.

1. 파면, 해임, 해고, 그 밖에 신분상실에 해당하는 불이익 조치
2. 징계, 정직, 감봉, 강등, 승진 제한 등 부당한 인사조치
3. 전보, 전근, 직무 미부여, 직무 재배치, 그 밖에 본인의 의사에 반하는 인사조치
4. 성과평가 또는 동료평가 등에서 차별이나 그에 따른 임금 또는 상여금 등의 차별 지급
5. 직업능력 개발 및 향상을 위한 교육훈련 기회의 제한, 예산 또는 인력 등 가용자원의 제한 또는 제거, 보안정보 또는 비밀정보 사용의 정지 또는 취급자격의 취소, 그 밖에 근무조건 등에 부정적 영향을 미치는 차별 또는 조치
6. 주의 대상자 명단 작성 또는 그 명단의 공개, 집단 따돌림, 폭행 또는 폭언 등 정신적·신체적 손상을 가져오는 행위를 하거나 그 행위의 발생을 방치하는 행위
7. 직무에 대한 부당한 감사 또는 조사나 그 결과의 공개
8. 그 밖에 피해자, 신고자, 조력자, 대리인의 의사에 반하는 불이익 조치

③ 기관의 장은 조사 결과 직장 내 성폭력 발생 사실이 확인된 때에는 필요한 경우 피해자의 의사를 고려하여 근무장소의 변경, 배치전환, 휴가 등 적절한 조치를 하여야 한다.

④ 기관장, 고충상담원 등 성폭력 고충과 관계된 사안을 직무상 알게 되거나 사건처리 과정에 참여한 사람은 사안의 조사 및 처리 등을 위해 필요한 경우를 제외하고는 동 사안 관계자의 신원은 물론 그 내용 등에 대하여 피해자의 의사에 반하여 이를 다른 사람에게 누설하여서는 아니 된다.

○ 조사 과정에서의 피해자 보호도 중요

○ 피해자에 대한 '관리자'의 불이익조치 금지 의무 외에 보호 의무도 명시함으로써 피해자에 대한 보호 조치 강화

○ 피해자와 행위자의 업무 및 공간 분리 등 피해자의 신변을 보호하기 위한 규정 마련

- 기관에서 성폭력 사건 처리기간 동안 피해자 보호를 위해 필요시 당사자(피해자 및 행위자) 근무장소 변경, 전보 등 적절한 조치

※ 「성폭력방지법」 제5조의4제2항('25.10.23. 시행)

○ 성폭력과 관련된 피해의 주장이 제기된 경우에 행위자 혹은 관리자가 피해자 및 조사협조자 등에 대하여 인사, 복무 등에 있어서 불리한 처우를 하지 못함을 명시하고 불리한 처우를 열거

○ 조사 결과 성폭력 발생 사실이 확인된 때에는 피해자의 의사를 고려하여 근무 장소의 변경, 배치전환, 휴가 등 적절한 조치를 하여야 함을 명시

○ 고충상담원, 고충심의위원회 위원 등 성폭력 사안을 직무상 알게 된 자는 사안의 조사 및 행위자 징계 등의 처리를 위하여 필요한 경우를 제외하고는 피해자 및 행위자 등 관계자의 신원과 신청 내용 등에 관해 비밀을 유지할 의무가 있음을 명시

- 비밀유지에 대한 서약서를 작성하고 피해자에 대한 정보가 노출되지 않도록 유의

제13조(고충심의위원회의 설치 및 구성)

제13조(고충심의위원회의 설치 및 구성)
① 성폭력 사건을 심의하기 위하여 성폭력 고충심의위원회(이하 "위원회"라 한다)를 구성한다.
② 위원회는 위원장을 포함하여 최소 6인의 위원으로 구성한다.
③ 위원장은 OOO기관의 장이 지명하는 자로 한다.
④ 위원은 남성 또는 여성의 비율이 전체 위원의 10분의 6을 초과하여서는 아니되며, 위원 중 2명 이상을 외부 성폭력 방지 관련 전문가들(이하 "외부위원"이라 한다)로 위촉한다.
⑤ 위원회의 개최 등 위원회의 사무를 처리하기 위하여 간사 1인을 두되, 간사는 고충상담원으로 한다.
⑥ 성폭력 사건은 위원회를 반드시 경유하도록 한다. 다만 예외적인 사유가 있는 경우는 제외한다.

○ 사안의 심의를 위하여 위원회의 설치와 구성에 관한 사항 명시

- 기관 사정에 따라 상설 위원회로 두거나 성폭력 사건 발생 시 구성하여 운영할 수 있음
- 위원회의 구성 방식은 기관의 사정에 따라 다를 수 있으나, 전문성과 대표성을 고려하여 구성
- 위원장은 기관장이 지명하는 자로 함
- 심의의 객관성과 중립성을 위하여 고충상담원은 간사로만 참여하고, 위원회 위원으로서 심의에 참여하는 것은 지양, 또한 고충상담, 사건조사 등 사건처리 과정에 관여한 내부구성원, 외부전문가 역시 위원으로서 심의에 참여하는 것은 바람직하지 않음

- 전체 위원 중 남성 또는 여성의 비율이 60%를 초과할 수 없게 하여 처리의 편향성에 대한 시비의 소지 제거

○ 상시 종사자 30인 미만의 기관은 최소 3인(외부위원은 1인 이상)으로 위원회 구성 가능(단, 기관장 포함 5인 이하의 기관은 여건에 따라 자율적으로 구성)
- 이 경우 남성 또는 여성 위원의 비율이 전체 위원의 10분의 7을 초과하여서는 아니된다.

○ 고충심의위원회의 객관성을 담보하고, 피해자에 대한 구제 절차와 행위자에 대한 조치가 적절하게 취해질 수 있도록 최소 2인 이상의 외부 전문가를 위원회에 참여시킬 필요가 있음

○ 성폭력 사건은 고충심의위원회를 반드시 경유하도록 하되 조사 중지 사유 발생 등 예외적인 경우는 제외

제14조(고충심의위원회의 운영)

> **제14조(고충심의위원회의 운영)**
> ① 위원회의 회의는 위원장이 소집한다.
> ② 사건의 당사자 또는 사건과 특수한 관계를 가진 자는 해당 심의·의결에서 제척된다. 사건 당사자는 특정 위원이 심의·의결의 공정성을 기대하기 어려운 사정이 있는 경우 위원회에 위원의 기피를 신청할 수 있고, 위원 본인도 직·간접적으로 이해관계가 있는 안건의 심의에 대해 회피할 수 있다.
> ③ 위원장은 기피 신청을 받으면 기피 여부에 대한 결정을 한다. 이 경우 기피 신청의 대상이 된 위원에게서 그에 대한 의견을 받을수 있다.
> ④ 위원회는 다음 각 호에 관하여 심의한다.
> 1. 성폭력의 판단(2차 피해 포함)
> 2. 피해자에 대한 보호 조치
> 3. 2차 피해 방지를 위한 조치
> 4. 그 밖에 성폭력의 재발 방지에 관한 사항
> ⑤ 위원회의 심의는 재적위원 과반수 찬성으로 의결한다.
> ⑥ 위원회는 심의결과를 ○○○기관의 장에게 보고하여야 한다.

○ 회의 소집 및 의결 등 운영에 관한 사항 규정
- 종사자 규모 및 운영 여건 등 기관별 사정을 고려하여 위원장의 직무 및 회의 소집방법, 의사·의결 정족수 등을 정할 수 있으며, 회의 운영 및 의결에 있어 공정성 및 정당성이 확보될 수 있도록 함

○ 공정한 사건 심의를 위해 신고인 등 당사자와 위원 간 기피신청 및 회피 권리 포함

○ 성폭력 성립 여부뿐만 아니라 피해자의 보호 조치 등의 조치도 위원회에서 심도 깊게 논의할 수 있도록 심의사항을 명시

○ 서면 통보 시 통보서에 신고 된 내용, 인정된 내용, 심의결과 등을 명시

제15조(조사 등 결과 통지)

> **제15조(조사 등 결과 통지)**
> ○○○기관의 장은 당사자에게 별지 제○○호 서식의 서식에 따라 서면으로 사건 조사결과 및 위원회의 심의결과 등을 지체 없이 통지하여야 한다.

○ 고충상담원의 조사 및 고충심의위원회의 심의 결과를 당사자에게 통지해야 함을 규정

제16조(징계)

> **제16조(징계)**
> ① ○○○기관의 장은 성폭력에 해당한다고 인정될 경우 행위자에 대하여 무관용의 원칙에 따라 징계 등 제재절차가 이루어지도록 하여야 한다.
> ② ○○○기관의 장은 제1항에 따른 징계 등 제재 절차에서 피해자에게 의견 진술 기회를 부여해야 한다.
> ③ ○○○기관의 장은 성폭력 사건을 은폐하거나 피해자에게 2차 피해를 준 경우 관련자를 엄중 징계한다.
> ④ ○○○기관의 장은 조사 중인 성폭력 행위가 중징계에 해당되는 사항이라고 판단되는 경우 의원면직을 허용하여서는 아니 된다.

○ 성폭력 방지를 위해서는 행위자에 대한 엄중 징계가 필요하므로 무관용의 원칙 적용 명시 필요

- 성폭력에 해당하는 경우에는 법령에 따른 징계사유에 해당하므로 임의로 징계 절차를 생략할 수 없음

○ 성폭력 행위자에 대한 조치 전 피해자의 의견을 듣도록 명시하여 피해자의 의견을 존중하도록 함

○ 성폭력 사건을 은폐하거나 피해자에게 근로권, 학습권 등에 대한 추가 피해가 발생한 경우 관련자에 대한 엄중 징계를 통해 성폭력 방지 효과 기대

- 사건에 대한 소문을 확산시킴은 성폭력 2차 가해임을 주지시키고, 발견 시 처벌받을 수 있음을 고지함으로써 2차 피해에 대하여 예방할 수 있음

○ 행위자에 대한 징계조치 시 재발방지 교육(특별인권교육)을 병과하여 실시할 수 있음

○ 성범죄 행위자가 의원면직 등을 통해 징계를 피하려는 것을 사전 차단하여 철저한 성범죄 예방과 엄정 대응 필요

제17조(재발방지조치 등)

> **제17조(재발방지조치 등)**
> ① ○○○기관의 장은 성폭력의 재발 방지를 위하여 사건 발생 시 재발방지대책(2차 피해 방지 포함)을 수립·시행한다.
> ② 재발방지대책에는 사건처리 경과 및 조치결과에 관한 사항, 성폭력 방지조치 및 예방교육의 개선 등에 관한 사항, 피해자에 대한 불이익 조치 금지 및 보호 조치 등 2차 피해 방지에 관한 사항, 그 밖에 기관 내 성희롱·성폭력 사건의 재발방지를 위하여 필요한 사항을 포함한다.
> ③ ○○○기관의 장은 성폭력 방지를 위하여 필요하다고 인정되는 경우 특별 성폭력 예방교육, 성폭력의 실태 또는 인식에 대한 조사 등을 실시할 수 있다.
> ④ ○○○기관의 장은 성폭력 사건 행위자 재발방지를 위한 인식개선 교육을 실시하여야 한다.
> ⑤ ○○○기관의 장은 제1항에 따른 재발방지대책을 사건이 발생한 사실을 안 날부터 3개월 이내에 성평등가족부에 제출하여야 한다.

○ 성폭력 사안의 처리방법을 규정

- 성폭력 재발방지대책은 1) 사건처리 경과 및 조치에 관한 사항, 2) 성폭력 방지조치 및 예방교육의 개선 등에 관한 사항, 3) 2차 피해 방지에 관한 사항, 4) 그 밖에 기관 내 성폭력 사건의 재발방지를 위하여 필요한 사항을 포함
- 유치원, 어린이집은 재발방지대책 서식을 성평등가족부 홈페이지에 등록된 양식과 함께 공문으로 제출(성평등가족부 성폭력방지과 수신)

※ 성평등가족부 홈페이지 – 정책정보 – 정책자료실 – 주제별 정책자료 – 인권보호

- 피해자와 행위자가 속한 기관이 다를 경우, 재발방지를 위해 행위자가 속한 기관에서 사건 통보와 재발방지대책 수립·제출하고, 이 경우 피해자 기관은 피해자 보호 및 지원, 2차 피해 예방을 위한 필요한 조치를 함

※ 피해자 소속 기관의 협조 등을 통해 피해자 통보 동의 의사 확인 필요

※ 통보 및 제출 의무 위반시 시정명령 및 과태료 부과 대상은 행위자가 속한 기관이 됨

- 성폭력 사건 행위자에 대해 자체 재발방지 프로그램을 마련하거나 민간단체 등에서 운영하는 행위자 재발방지 교육을 이수하도록 하여야 함. 다만, 동일 사건으로 법원 판결 등에 따른 성폭력 치료프로그램 등을 이수한 경우에는 제외함

○ 성평등가족부장관은 재발방지대책의 점검 등을 위하여 제출된 재발방지대책에 대한 보완을 요청할 수 있으며, 필요한 경우 현장점검을 실시하고, 점검 결과 시정이나 보완을 요구할 수 있음

- 성평등가족부가 현장점검 여부 등을 판단하기 위해 기관이 제출한 재발방지 대책에 대한 보완 요청 시, 해당 기관은 이에 적극적으로 협조
- 현장점검 결과 통보받은 시정·보완 요구사항에 대해서는 이행실적 및 계획을 작성하여 지정된 기간 내에 성평등가족부에 제출

○ 성폭력 사건 발생시 재발방지대책을 법정기한 내 제출하지 아니한 경우 시정을 명하고, 시정명령 미이행시 5백만원 이하의 과태료를 부과할 수 있음

※ 「성폭력방지법」 제22조제1항 및 제38조제1항

사건 (통보, 신고) 동의 확인서 서식

사건 (통보, 신고) 동의 확인서

<table>
<tr><td>접수번호</td><td colspan="4"></td></tr>
<tr><td rowspan="2">확인자</td><td colspan="2">성명</td><td>소 속</td><td>직 급</td></tr>
<tr><td colspan="2">성별 남[ ], 여[ ]</td><td>연락처</td><td>E-mail</td></tr>
<tr><td rowspan="2">의사
확인</td><td colspan="2">사건
(성평등가족부 통보 □,
수사기관 신고 □)에
동의합니다.( )</td><td colspan="2">사건
(성평등가족부 통보 □,
수사기관 신고 □)에
반대합니다.( )</td></tr>
<tr><td colspan="4">반대 사유 :</td></tr>
</table>

* 주 : 수사기관 신고의 동의여부 확인은 「성폭력범죄의 처벌 등에 관한 특례법」 제10조제1항, 형법 제303조제1항에 근거해 위력 등에 의한 성폭력 사건에 한함

위 확인자는 성희롱·성폭력 사건에 대하여 기관의 장이 확인자가 신고한 사건을 성평등가족부에 통보하고, 수사기관에 신고할 의무가 있다는 사실에 대해 설명을 들었고, 이 사건 처리에 대하여 위 내용이 본인의 의사에 따른 것임을 확인합니다.

년 월 일

확인자 (서명 또는 인)

○○○○○ 귀중

성희롱·성폭력 사건 통보 서식

성희롱·성폭력 사건 발생사실 통보서

담당자(직급)	000 부장
연락처	000-000-0000

□ 사건 개요

구분	내 용	응답값
시점	ㅇ사건 발생일(최초 발생)	특정일 □ (날짜 2026-00-00) 특정기간 □ (2026-00-00 ~ 2026-00-00) 특정불가 □
	ㅇ사건 인지일 ※ 피해자로부터 사건신고를 접수하고 기관장에게 이를 보고한 날	날짜 기재 (2026-00-00)
	ㅇ사건 통보일	날짜 기재 (2026-00-00)
사건 유형	ㅇ사건발생기관명	
	ㅇ사건발생기관 유형	국가기관□ 지방자치단체□ 공직유관단체□ 대학교 □ 각급학교□ 유치원, 어린이집□
	ㅇ기관의 장에 의한 사건 여부	해당□ 미해당□
	ㅇ행위자와 피해자 다수 여부	행위자(1인□, 2인 이상□) 피해자(1인□, 2인 이상□)
	ㅇ행위자와 피해자 관계	기관장-하급자 □

구분	내 용	응답값
		상급자-하급자 □ 하급자-상급자 □ 동료□ 교사-학생 □ 학생-교사 □ 학생-학생 □ 기타□ ( )
사건 유형	ㅇ행위자와 피해자 성별	남성-여성 □ 여성-남성 □ 남성-남성 □ 여성-여성 □
	ㅇ위계·위력 등에 의한 성폭력 사건일 경우, 수사기관 신고 여부	신고□ (신고일 날짜 :) 신고 예정 □ 미신고 □ (미신고 사유 선택 : 피해자 의사 □ 기타 □) 해당없음 □
보호 조치 사항	ㅇ피해자가 보호조치를 원하는지 여부	예□ 아니요□
	ㅇ행위자와 분리 여부 (예시) 행위자 업무 공간 이동, 행위자 전보, 피해자 휴가 등	예□ 아니요□ 조치예정□ - 행위자 업무공간 이동□ 행위자 전보□ 피해자 휴가□ 기타□ ( )
	ㅇ피해자 회복을 위한 지원 여부 (예시) 심리상담, 의료지원, 법률지원, 외부기관 연계	예□ 아니요□ 조치예정□ - 심리상담□ 의료지원□ 법률지원□ 외부기관 연계□ 기타□ ( )
주요 내용 (사건 신고·접수 개요 등)	육하원칙(누가, 언제, 어디서, 무엇을, 어떻게, 왜)에 따라 기재하되 개인정보 보호를 위해 행위자·피해자 신상정보(이름, 나이 등)는 익명으로 처리하여 300자 미만으로 기재	
기타	외부기관(수사기관, 국가인권위원회 등 외부기관) 사건처리상황, 언론보도사항, 2차 피해 관련 사항 등 100자 미만으로 기재하여 작성(익명처리 동일)	

※ 유치원, 어린이집은 기관 내 성폭력 사건만 해당

※ 각급 학교 등은 해당 서식을 성평등가족부 홈페이지 등록된 양식과 함께 공문으로 제출(성평등가족부 성폭력방지과 수신)
성평등가족부 홈페이지 – 정책정보 – 정책자료실 – 주제별 정책자료 – 인권보호

성희롱·성폭력 사건 조사 서식 (예시)

■ 성희롱·성폭력 사건 조사 신청서 서식

조사 신청서 (예시)

※ [ ]에는 해당되는 곳에 "✔" 표시를 합니다. 색상이 어두운 난은 신청인(대리인)이 작성하지 않습니다.

접수번호	담당자	처리기간 : 신청 접수일로부터 20일, 특별한 사정이 있는 경우 10일 연장 가능

당사자	신청인	성명	소속	직급
		성별 남[ ], 여[ ]	연락처	E-mail
	대리인 ※ 대리인이 신청하는 경우	성명	소속	직급
		성별 남[ ], 여[ ]	연락처	E-mail
	피신청인 (행위자)	성명	소속	직급
		성별 남[ ], 여[ ]	연락처	E-mail
신청 취지	※ 문제가 되는 행위, 지속성의 여부, 목격자 혹은 증인의 유무 등을 6하원칙에 따라 기록합니다.			
요구 사항	1. 성희롱의 중지 [ ]	2. 성희롱에 대한 사과와 재발방지 조치 [ ]		
	3. 징계 등 인사조치 [ ]	4. 기타 ( )		

위와 같이 성희롱·성폭력 고충 사건의 조사를 신청합니다.

년 월 일

신청인(대리인) (서명 또는 인)

○○○○○ 귀중

210mm×297mm[백상지 80g/㎡]

■ 성희롱·성폭력 조사 신청 확인서

조사 신청 확인서 (예시)

<table>
<tr><td colspan="2">접수번호</td><td colspan="3">처리기간 : 신청 접수일로부터 20일, 특별한 사정이 있는 경우 10일 연장 가능</td></tr>
<tr><td rowspan="6">당사자</td><td rowspan="2">신청인</td><td>성명</td><td>소속</td><td>직급</td></tr>
<tr><td>성별 남[ ], 여[ ]</td><td>연락처</td><td>E-mail</td></tr>
<tr><td rowspan="2">대리인
※ 대리인이 신청하는 경우</td><td>성명</td><td>소속</td><td>직급</td></tr>
<tr><td>성별 남[ ], 여[ ]</td><td>연락처</td><td>E-mail</td></tr>
<tr><td rowspan="2">피신청인
(행위자)</td><td>성명</td><td>소속</td><td>직급</td></tr>
<tr><td>성별 남[ ], 여[ ]</td><td>연락처</td><td>E-mail</td></tr>
<tr><td>신청
취지</td><td colspan="4">※ 6하원칙에 의해 문제가 되는 행위, 지속성의 여부, 목격자 혹은 증인의 유무 등을 기록합니다.</td></tr>
<tr><td>요구
사항</td><td colspan="4">1. 성희롱의 중지 [ ] 2. 성희롱에 대한 사과와 재발방지 조치 [ ]
3. 징계 등 인사조치 [ ] 4. 기타 ( )</td></tr>
<tr><td rowspan="2">신청
확인</td><td colspan="4">신청일자 및 방법</td></tr>
<tr><td colspan="4">신청인 의사 확인방법
※ 녹음, 이메일 등</td></tr>
</table>

위 신청인이 성희롱·성폭력 고충사건의 조사를 신청하였음을 확인합니다.

년 월 일

확인자(고충상담원) (서명 또는 인)

○○○○○ 귀중

210mm×297mm[백상지 80g/㎡]

■ 사건 당사자 통보용 서식

조사결과 및 성희롱·성폭력 고충심의위원회 심의결과 통보서 (예시)

1. 당사자 ※ 직위, 직급, 연령, 성별 등 개인정보보호를 위해 익명 처리 및 선택적 기재

- 피해자 :

- 행위자 :

2. 조사 결과

3. 성희롱·성폭력 고충심의위원회 심의 결과

(1) 성희롱·성폭력 여부에 대한 판단

(2) 행위자 조치사항 권고 내용

(3) 피해자 보호조치 권고 내용

(4) 2차 피해 예방 및 재발 방지대책 내용

년 월 일

○○○○○ 기관장 (서명 또는 인)

210mm×297mm[백상지 80g/㎡]

■ 사건 당사자 통보용 서식

조사결과 및 성희롱·성폭력 고충심의위원회 심의결과 통보서 (예시)

1. 당사자　※ 직위, 직급, 연령, 성별 등 개인정보보호를 위해 익명 처리 및 선택적 기재

- 피해자 :
- 행위자 :

2. 조사 결과

3. 성희롱·성폭력 고충심의위원회 심의 결과

(1) 성희롱·성폭력 여부에 대한 판단

(2) 행위자 조치사항 권고 내용

(3) 피해자 보호조치 권고 내용

(4) 2차 피해 예방 및 재발 방지대책 내용

년　월　일

○○○○○ 기관장 (서명 또는 인)

210mm×297mm[백상지 80g/㎡]

성희롱·성폭력 사건 재발방지대책 서식

성희롱·성폭력 사건 재발방지대책

담당자(직급)	000 부장
연락처	000-000-0000

□ 사건 개요

구분	내 용	응답값
사건 통보 여부	ㅇ성평등가족부로 통보된 사건 여부	통보 □ 미통보□
	ㅇ통보하지 않았을 경우 해당 사유	피해자 의사□ 착오, 누락 □ 기타 □ (사유)
시점	ㅇ사건 발생일(최초 발생)	특정일 □ (날짜 2026-00-00) 특정기간 □ (2026-00-00 ~ 2026-00-00) 특정불가 □
	ㅇ사건 인지일 ※ 피해자로부터 사건신고를 접수하고 기관장에게 이를 보고한 날	날짜 기재 (2026-00-00)
	ㅇ재발방지대책 제출일 ※ 사건 인지일부터 3개월 이내	날짜 기재 (2026-00-00)
사건 유형	ㅇ사건발생기관명	
	ㅇ사건발생기관 유형	국가기관□ 지방자치단체□ 공직유관단체□ 대학교 □ 각급학교□ 유치원, 어린이집□
	ㅇ기관의 장에 의한 사건 여부	해당□ 미해당□
사건 유형	ㅇ행위자와 피해자 다수 여부	행위자(1인□, 2인 이상□) 피해자(1인□, 2인 이상□)

구분	내 용	응답값
	ㅇ행위자와 피해자 관계	기관장-하급자 □ 상급자-하급자 □ 하급자-상급자 □ 동료□ 교사-학생 □ 학생-교사 □ 학생-학생 □ 기타□ ( )
	ㅇ행위자와 피해자 성별	남성-여성 □ 여성-남성 □ 남성-남성 □ 여성-여성 □
	ㅇ위계·위력 등에 의한 성폭력 사건일 경우, 수사기관 신고여부	신고□ (신고일 날짜 :) 신고 예정 □ 미신고 □ (미신고 사유 선택 : 피해자 의사 □ 기타 □) 해당없음 □

□ 사건 처리 경과 및 조치 사항

구분	내 용	응답값
사건 유형상담, 신고 및 조사	ㅇ사건 조사 신청서 접수일	날짜 기재 (2026-00-00)
	ㅇ사건 조사 기간(신청서 접수일부터)	20일 이내 □ 30일 이내□ 30일 초과 □ (일)
	ㅇ사건 조사 방식	기관(고충상담원, 조사위원회 등) □ 외부전문가 조사□ 인권위 조사□ 상급기관 조사□
	ㅇ조사 진행 상황 피해자 고지 여부	고지□ 미고지□
	ㅇ사건 수사기관 수사 여부	해당□ 미해당□
사건 심의 ※학폭위·교권위를 개최한 경우 해당내용으로 작성요망	ㅇ고충심의위원회 개최 여부	개최□ 학폭위 또는 교권위 개최 □ 미개최 □ (사유 기재)
	ㅇ고충심의위원회 외부위원 참여 여부	참여□ 불참□ (사유 기재)

<table>
<tr><th>구분</th><th>내 용</th><th>응답값</th></tr>
<tr><td rowspan="4"></td><td>○고충심의위원회 결과 성희롱·성폭력 해당 여부</td><td>인정□ 불인정□
타비위 행위로 판단□
기타□ (구체적 사항 기재)</td></tr>
<tr><td>○고충심의위원회 결과 2차 피해 해당 여부</td><td>인정□ 불인정□ 해당없음□</td></tr>
<tr><td>○이외 의결 내용(복수 체크 가능)</td><td>피해자 보호 조치 권고 □
- 공간분리□, 유급휴가 □
배치전환 □ 기타 □ (기재)
해당없음 □
행위자 조치 사항 권고 □
- 징계 □ 근무장소 변경 □
행위자 인식개선 교육 □
기타 □ (기재) 해당없음 □
2차 피해 예방 또는 중지 □
(구체적 사항 기재)
재발방지를 위한 기타 조치 사항 □
(구체적 사항 기재)</td></tr>
<tr><td>○심의결과 당사자(피해자, 행위자) 통지 여부</td><td>통지□ 미통지□</td></tr>
<tr><td rowspan="3">후속 조치
* 예정인 사항도 포함</td><td>○피해자 조치 사항 (복수 체크 가능)</td><td>행위자와 공간분리 □
유·무급휴가□
심리상담 □
상담/의료/법률 지원기관 연계 □
해당없음 □</td></tr>
<tr><td>○행위자 조치사항 (복수 체크 가능)</td><td>징계 □
부서/근무장소 변경 □
업무배제/대기발령/직위해제 □
인식개선 교육 □
상급기관에 행위자 인사조치 요청 □
해당없음 □</td></tr>
<tr><td>○2차 피해 방지 등 기타 조치사항</td><td>(구체적 사항 기재)
예) 전직원 폭력 예방교육 실시
2차 피해 방지 홍보 강화</td></tr>
</table>

□ 재발방지 강화 방안

구분	내 용	응답값 (최근 1년 기준 현황)	응답값 (사전 계기 개선 계획)
성희롱, 성폭력 예방 교육	○연간 기본계획 수립	수립□ (날짜 기재) 미수립□	개선방안 있음□ (계획 별첨) 없음□ (세부 기재)
	○예방교육 실시/횟수	실시□ (몇 회) 미실시□	개선방안 있음□ 없음□ (세부 기재)
	○직원 참여율	90% 이상 □ 80~90% □ 70~80% □ 70% 미만 □	개선방안 있음□ 없음□ (세부 기재)
	○기관장 참여	참여□ (총 0회 중 0회) 불참□	개선방안 있음□ 없음□ (세부 기재)
	○고위직 참여율(%)		개선방안 있음□ 없음□ (세부 기재)
성희롱, 성폭력 방지 조치 등	○성희롱·성폭력 예방지침 제·개정	있음 □ (수립시기 기재) 없음 □	개선방안 있음□ (지침 별첨) (세부 기재)
	○고충상담원 지정	지정□ (여 0명 , 남 0명) 미지정□	개선방안 있음□ 없음□ (세부 기재)
	○고충상담원 교육 이수	이수□ 미이수□	개선방안 있음□ 없음□ (세부 기재)
	○고충상담창구 설치	설치□ 미설치□	개선방안 있음□ 없음□ (세부 기재)
	○사이버 신고센터 설치 (종사자 30인 이상일 경우)	설치□ 미설치□	개선방안 있음□ 없음□ (세부 기재)
	○고충심의위원회 설치	상설□ 비상설□ 미설치□	개선방안 있음□ 없음□ (세부 기재)
	○고충심의위원회 구성	(총 0명) (내부 0명, 외부 0명) (여성 0명, 남성 0명)	개선방안 있음□ 없음□ (세부 기재)
	○기타 개선 계획 (해당될 경우 기재)		자율 기재 예) 실태조사 실시, 컨설팅 실시, 징계 양정 강화 등

※ 유치원, 어린이집은 기관 내 성폭력 사건만 해당

※ 각급 학교 등은 해당 서식을 성평등가족부 홈페이지 등록된 양식과 함께 공문으로 제출(성평등가족부 성폭력방지과 수신)
성평등가족부 홈페이지 – 정책정보 – 정책자료실 – 주제별 정책자료 – 인권보호

※ 본 서식은 모든 기관에 적용되는 공통 서식으로, 각급 학교 내 사건에 대해 학폭위·교권위 등을 개최한 경우 해당 내용으로 작성 요망

※ 최근 1년 기준 현황은 기관의 폭력예방교육 실적 참고, 학생 간 사안의 경우 '기타 개선 계획' 란 중심으로 작성 요망

성희롱·성폭력 사건통보 및 재발방지대책 제출

(사건통보 및 재발방지대책 제출 문의 : 성폭력방지과 02-2100-6164, 6166, 6168, 6169)
(사건관리시스템 장애 문의 : 02-720-9533)

1 공공부문 성희롱·성폭력 사건통보 및 재발방지대책 제출 방식

○ (내용) 국가기관등의 장은 해당 기관에서 성희롱·성폭력 사건이 발생한 사실을 알게 된 경우 피해자의 명시적인 반대의견이 없으면 지체없이 그 사실을 성평등가족부에 통보하여야 하고, 해당 사실을 안 날로부터 3개월 이내 재발방지대책 제출

○ (제출방식) 국가기관, 지자체, 공직유관단체, 대학교의 경우 예방교육통합관리시스템의 「사건관리시스템」을 통해 온라인 제출

* (국가기관, 지자체, 공직유관단체, 대학) 시스템 이용
* (각급학교 등) 성평등가족부 홈페이지 등록된 양식과 함께 공문으로 제출(성평등가족부 성폭력방지과 수신)
성평등가족부 홈페이지 – 정책정보 – 정책자료실 – 주제별 정책자료 – 인권보호

2 예방교육통합관리시스템 내 「사건관리시스템」 안내

○ 기관에서 발생한 성희롱·성폭력 사건을 신규 구축된 예방교육통합관리시스템(https://shp.mogef.go.kr) 내 「사건관리시스템」을 통해 입력·제출

- 예방교육통합관리시스템(https://shp.mogef.go.kr)에 접속하여 「사건관리시스템」으로 사건통보, 재발방지대책 제출 등 기관 발생 사건 관리 가능
- 기관 담당자(고충상담원 등) 및 관리자(고충상담부서장)는 각각 사건관리시스템에 계정 가입 후 사건발생 시 관련 서식에 따라 작성 및 제출

○ (가입 방법) 예방교육통합관리시스템의 「사건관리시스템」에 접속하여 회원가입 절차를 진행하고, 동시에 공문으로 가입 요청

※ 시스템을 통하여 사건 관련 내용을 작성·검토하므로 인적 보안에 유의하시기 바라며, 실제 담당인력만 가입하여야 하고 인사이동 시 즉시 사용자 변경 필요

① 예방교육통합관리시스템(https://shp.mogef.go.kr) 내「사건관리시스템」 접속

② 사용자등록 → 회원가입 약관 동의 → 본인인증 → 회원정보 입력* → 확인 순서로 시스템 가입 절차 진행

* (작성 및 제출 권한) 작성은 기관 담당자의 권한으로 작성만 가능, 제출은 기관 관리자의 권한으로 작성 및 제출 가능하므로 담당자 = 작성, 관리자 = 제출 선택

- 작성자가 '상신'하고 제출자가 확인 후 '제출'하여야 제출이 완료되므로 작성자와 제출자 각각 별도 계정 가입 필요
- 기관 특성 상 한 명이 작성 및 제출을 할 경우 제출자 권한으로 가입

③ 시스템 가입 절차 진행 후 아래 서식(예시)으로 가입 요청 공문 발송 (수신처 : 성평등가족부 성폭력방지과)

- (예시1) 고충상담원(작성자)와 관리자(제출자)가 모두 가입할 경우

기관명	부서명	권한	성명	비고
○○부	운영지원과	작성	홍실무	성고충상담원
○○부	운영지원과	작성	최상담	성고충상담원
○○부	운영지원과	제출	나과장	성고충처리부서장

- (예시2) 한 명이 작성 및 제출을 할 경우

기관명	부서명	권한	성명	비고
○○부	운영지원과	작성 및 제출	나과장	성고충처리부서장

⇒ 시스템 가입 및 공문 발송이 되면 성평등가족부에서 가입자 대조 후 승인 절차가 이뤄지며, 승인 이후 시스템 이용 가능

성희롱 예방조치 등 QnA

1 고충상담원 지정 및 고충상담원 교육

Q 1) 고충상담원 교육은 한국양성평등교육진흥원에서 실시하는 교육만 인정되나요?

A

- o 한국양성평등교육진흥원(또는 이에 준하는 전문교육훈련기관)에서 운영하는 '고충상담원 교육프로그램'으로 이수 가능합니다.
- o 또한, 폭력예방교육 의무대상 기관 중 소속·산하기관의 고충상담원 교육을 실시하고자 하는 기관은 성평등가족부 폭력예방교육과와 사전협의를 통해 자체 고충상담원 교육이 가능합니다.

Q 2) 고충상담원 교육을 이수한 고충상담원이 변경되었을 경우는?

A

- o 기관 고충상담원 중 3년 이내('24년~'26년) 고충상담원 교육을 이수한 자가 없거나, 신규 고충상담원이 지정된 날로부터 3개월(불가피한 경우 6개월) 이내 교육 미이수시 해당 항목 불인정으로 부진기관 분류됩니다. (어린이집·유치원 제외)

  ※ ('25년 신규지정 미이수자) '26년 상반기 내 교육이수, ('26년 상반기 신규지정) '26년 하반기 교육이수, ('26년 하반기 신규지정) '27년 상반기 교육이수

  ※ 고충상담원 심화교육(보수교육)도 인정

- o 단, 전보 등 조직 내 인사에 의해 고충상담원이 바뀌고 고충상담원 교육이수가 지연될 경우, 기존 상담원을 복수로 계속 지정하여 사건 상담 등이 내실있게 운영되도록 기관 차원에서 조치해주시기 바랍니다.

  ※ 신규 고충상담원으로만 운영되지 않도록 지정 후 1년 이상의 경력이 있는 고충상담원을 1명 이상 포함(신규기관 제외)

2 고충상담창구 관련

Q 1) 사이버 신고센터 설치는 반드시 해야 하나요?

A
- ㅇ 사이버 신고센터는 기관 내 전산망을 활용하여 기관 특성에 맞게 설치하여 조직 구성원이 쉽게 접근하여 자유롭게 상담·신고할 수 있도록 설치해야 합니다(필수)

  ※ 예외적으로 상시근로자 30인 미만 기관은 의무 설치 대상은 아닙니다.
  상시근로자 30인 이상 기관 중 기관의 예산 여건 등으로 사이버신고센터 설치가 어려울 경우에 한해 온라인 신고센터를 외부 전문기관에 위탁, CEO핫라인, 상담전용 이메일 등 방법을 사이버신고센터 설치로 갈음할 수 있습니다.

- ㅇ 단, 신고된 건에 대해서는 지정된 고충상담원 외에는 공개 또는 열람되지 않도록 비밀 유지 등 시스템 관리에 만전을 기하여야 합니다.

Q 2) 상급기관의 성희롱·성폭력 신고센터 배너를 소속기관의 홈페이지에 연결한 경우에도, 소속기관의 사이버 신고센터 설치로 인정되나요?

A
- ㅇ 고충상담창구 설치의 기관 단위는 「양성평등기본법 시행령」 및 「성폭력방지 및 피해자보호 등에 관한 법률 시행령」에 따라 매년 2월까지 성평등가족부에 성희롱 방지조치 및 성폭력 예방조치의 결과를 제출하는 기관 단위를 기준으로 합니다. 사이버신고센터도 이를 준용하도록 합니다. 따라서 해당 기관에서 자체적으로 기관 내 전산망을 활용하여 자체적으로 사이버신고센터를 설치하시기 바랍니다.
- ㅇ 다만, 상급기관의 고충을 심의하는 운영 범위 등이 소속기관까지 적용될 경우 소속기관에서 상급기관의 사이버신고센터를 배너 등으로 링크하는 경우도 사이버신고센터 설치로 간주됩니다.
- ㅇ 교육청에서 해당 관내 학교에서 발생한 사안을 포함한 성희롱·성폭력 사이버 신고센터를 운영하고 있을 경우, 학교 홈페이지에 교육청 사이버신고센터를 배너로 링크하는 경우도 사이버신고센터 설치로 간주합니다.

3 성희롱·성폭력 예방지침 제정

Q 1) 상급기관의 성희롱 및 성폭력 예방지침이 있을 경우, 소속기관에서도 그 지침을 준용할 수 있나요?

A
- o 상급기관의 예방지침 상 그 적용범위가 산하·소속기관까지 명시된 경우 준용할 수 있습니다. 다만, 기관 특성에 맞게 자체 성희롱·성폭력 예방지침을 제정할 것을 권장합니다.

Q 2) 성희롱 예방지침이 이미 기관에 제정되어 있는데, 성폭력 예방지침을 또 제정해야 하나요?

A
- o 성폭력 예방지침 수립은 「성폭력방지 및 피해자보호 등에 관한 법률」 제5조에 따라 '16년 11월부터 국가기관, 지방자치단체, 공직유관단체 등에 대해 의무화 되었습니다. 따라서, 공공기관에서는 성희롱 예방지침 외 자체 성폭력 예방지침을 추가하여 수립하여야 합니다. 성희롱과 성폭력 예방지침을 통합하여 운영할 수 있습니다.(단, 유치원·어린이집은 성폭력 예방지침만 수립하면 됨)

Q 3) 상급기관에 고충상담창구 및 고충심의위원회가 이미 설치·구성되어 있는 경우 소속기관에서도 별도 설치·구성이 필요한가요?

A
- o 상급기관의 고충상담원 및 고충심의위원회 운영 범위가 소속기관까지 적용될 경우 별도 운영할 필요는 없으나, 그렇지 않을 경우 소속기관에서도 고충상담창구, 고충심의위원회를 별도로 설치·구성하여 운영하여야 합니다.

  ※ 상시근로자가 30인 미만인 경우에는 1인 이상의 고충상담원 지정 가능

  ※ 동일 성(性)이 5인 미만인 경우 남·녀 구분없이 2인 이상 지정 가능

Q 4) 유치원, 어린이집은 고충상담창구 및 고충담당자 지정이 별도로 필요한가요?

A

- ｢성폭력방지 및 피해자보호 등에 관한 법률｣개정('21.1.12.개정, '21.7.13. 시행)으로 국가기관, 지자체, 학교, 유치원, 어린이집, 공직유관단체는 성폭력 사건 인지 시 성평등가족부에 통보하고 3개월 내 피해자 보호 조치 등을 포함한 재발방지대책을 제출하여야 하는 의무가 신설되었습니다.
- 이에, 성폭력 사건이 발생하면 동 사건을 처리할 전담 창구와 전담자 지정이 필요합니다. 다만, 병설유치원의 경우 필요한 경우 병설한 학교의 고충상담 창구 및 담당자와 통합하여 운영할 수 있습니다.

4 사건 통보 및 재발방지대책 제출

Q 1) 피해자의 명시적인 반대의견이 없으면 사건을 성평등가족부에 통보하여야 하는데, 그 목적은 무엇인가요?

A

- ｢양성평등기본법｣ 및 ｢성폭력방지 및 피해자보호 등에 관한 법률｣에 따라 국가기관등의 장은 사건 인지 시 피해자의 명시적인 반대의견이 없으면 지체 없이 그 사실을 성평등가족부장관에게 통보하여야 합니다.
- 이는 개별 기관에서 신속히 사건을 처리하고 피해자를 보호하도록 하기 위한 것으로, 이에 대한 모니터링을 통하여 성평등가족부는 통보받은 사건이 중대하다고 판단되거나 재발방지대책의 점검 등을 위하여 필요한 경우 현장점검을 실시할 수 있습니다.

Q 2) 재발방지대책 제출할 때도 피해자 동의가 필요한가요?

A
- o 재발방지대책 제출은 피해자 동의가 필요하지 않습니다.
  - 국가기관등의 장은 사건 인지 시 피해자의 명시적인 반대의견이 없으면 지체 없이 그 사실을 성평등가족부장관에게 통보하도록 하고 있으나, 재발방지 대책은 전제 조건이 없습니다.
  - 재발방지대책은 사건과 관련한 구체적인 내용을 포함하는 것이 아니라 기관의 사건처리 경과 및 조치사항 등을 대책으로 작성하는 것으로, 사건통보와 그 취지가 다르다고 볼 수 있습니다.

Q 3) 사건 심의 결과, 성희롱·성폭력이 불성립하였는데도, 재발방지대책을 제출해야 하나요?

A
- o 재발방지대책의 수립·제출 취지는 인성여부와 관계없이 성희롱·성폭력의 문제가 제기되었을 때 기관이 피해자를 보호하고 사건처리 절차를 적절히 진행하도록 하기 위한 것으로 불성립되거나 사건처리가 중단되었더라도 제출하셔야 합니다.

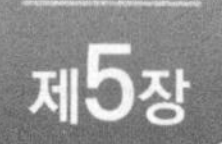

제5장 참고자료

1. 성희롱·성폭력 관련 법 조항 및 예시

1) 성희롱·성폭력 관련 법 조항

○ 양성평등기본법

제3조(정의) 이 법에서 사용하는 용어의 뜻은 다음과 같다.

2. "성희롱"이란 업무, 고용, 그 밖의 관계에서 국가기관 · 지방자치단체 또는 대통령령으로 정하는 공공단체(이하 "국가기관등"이라 한다)의 종사자, 사용자 또는 근로자가 다음 각 목의 어느 하나에 해당하는 행위를 하는 경우를 말한다.

가. 지위를 이용하거나 업무 등과 관련하여 성적 언동 또는 성적 요구 등으로 상대방에게 성적 굴욕감이나 혐오감을 느끼게 하는 행위

나. 상대방이 성적 언동 또는 성적 요구에 따르지 아니한다는 이유로 불이익을 주거나 그에 따르는 것을 조건으로 이익 공여의 의사표시를 하는 행위

3. "사용자"란 사업주 또는 사업경영담당자, 그 밖에 사업주를 위하여 근로자에 관한 사항에 대한 업무를 수행하는 자를 말한다.

○ 성폭력방지 및 피해자보호 등에 관한 법률

제2조(정의) 이 법에서 사용하는 용어의 뜻은 다음과 같다.

1. "성폭력"이란 「성폭력범죄의 처벌 등에 관한 특례법」 제2조제1항에 규정된 죄에 해당하는 행위를 말한다.

○ 성폭력범죄의 처벌 등에 관한 특례법

제2조(정의) ① 이 법에서 "성폭력범죄"란 다음 각 호의 어느 하나에 해당하는 죄를 말한다.

1. 「형법」 제2편제22장 성풍속에 관한 죄 중 제242조(음행매개), 제243조(음화반포등), 제244조(음화제조등) 및 제245조(공연음란)의 죄
2. 「형법」 제2편제31장 약취(略取), 유인(誘引) 및 인신매매의 죄 중 추행, 간음 또는 성매매와 성적 착취를 목적으로 범한 제288조, 또는 추행, 간음 또는 성매매와 성적 착취를 목적으로 범한 제289조,

제290조(추행, 간음 또는 성매매와 성적 착취를 목적으로 제288조 또는 추행, 간음 또는 성매매와 성적 착취를 목적으로 제289조의 죄를 범하여 약취, 유인, 매매된 사람을 상해하거나 상해에 이르게 한 경우에 한정한다),

제291조(추행, 간음 또는 성매매와 성적 착취를 목적으로 제288조 또는 추행, 간음 또는 성매매와 성적 착취를 목적으로 제289조의 죄를 범하여 약취, 유인, 매매된 사람을 살해하거나 사망에 이르게 한 경우에 한정한다),

제292조[추행, 간음 또는 성매매와 성적 착취를 목적으로 한 제288조 또는 추행, 간음 또는 성매매와 성적 착취를 목적으로 한 제289조의 죄로 약취, 유인, 매매된 사람을 수수(授受) 또는 은닉한 죄, 추행, 간음 또는 성매매와 성적 착취를 목적으로 한 제288조 또는 추행, 간음 또는 성매매와 성적 착취를 목적으로 한 제289조의 죄를 범할 목적으로 사람을 모집, 운송, 전달한 경우에 한정한다] 및

제294조(추행, 간음 또는 성매매와 성적 착취를 목적으로 범한 제288조의 미수범 또는 추행, 간음 또는 성매매와 성적 착취를 목적으로 범한 제289조의 미수범, 추행, 간음 또는 성매매와 성적 착취를 목적으로 제288조 또는 추행, 간음 또는 성매매와 성적 착취를 목적으로 제289조의 죄를 범하여 발생한 제290조제1항의 미수범 또는 추행, 간음 또는 성매매와 성적 착취를 목적으로 제288조 또는 추행, 간음 또는 성매매와 성적 착취를 목적으로 제289조의 죄를 범하여 발생한 제291조제1항의 미수범 및 제292조제1항의 미수범 중 추행, 간음 또는 성매매와 성적 착취를 목적으로 약취, 유인, 매매된 사람을 수수, 은닉한 죄의 미수범으로 한정한다)의 죄

3. 「형법」 제2편제32장 강간과 추행의 죄 중 제297조(강간), 제297조의2(유사강간), 제298조(강제추행), 제299조(준강간, 준강제추행), 제300조(미수범), 제301조(강간등 상해·치상), 제301조의2(강간등 살인·치사), 제302조(미성년자등에 대한 간음), 제303조(업무상위력등에 의한 간음) 및 제305조(미성년자에 대한 간음, 추행)의 죄
4. 「형법」 제339조(강도강간)의 죄 및 제342조(제339조의 미수범으로 한정한다)의 죄
5. 이 법 제3조(특수강도강간 등)부터 제15조(미수범)까지의 죄

② 제1항 각 호의 범죄로서 다른 법률에 따라 가중처벌되는 죄는 성폭력 범죄로 본다.

제3조(특수강도강간 등) ① 「형법」 제319조제1항(주거침입), 제330조(야간주거침입절도), 제331조(특수절도) 또는 제342조(미수범. 다만, 제330조 및 제331조의 미수범으로 한정한다)의 죄를 범한 사람이 같은 법 제297조(강간), 제297조의2(유사강간), 제298조(강제추행) 및 제299조(준강간, 준강제추행)의 죄를 범한 경우에는 무기징역 또는 7년 이상의 징역에 처한다.

② 「형법」 제334조(특수강도) 또는 제342조(미수범. 다만, 제334조의 미수범으로 한정한다)의 죄를 범한 사람이 같은 법 제297조(강간), 제297조의2(유사강간), 제298조(강제추행) 및 제299조(준강간, 준강제추행)의 죄를 범한 경우에는 사형, 무기징역 또는 10년 이상의 징역에 처한다.

제4조(특수강간 등) ① 흉기나 그 밖의 위험한 물건을 지닌 채 또는 2명 이상이 합동하여 「형법」 제297조(강간)의 죄를 범한 사람은 무기징역 또는 7년 이상의 징역에 처한다.

② 제1항의 방법으로 「형법」 제298조(강제추행)의 죄를 범한 사람은 5년 이상의 유기징역에 처한다.

③ 제1항의 방법으로 「형법」 제299조(준강간, 준강제추행)의 죄를 범한 사람은 제1항 또는 제2항의 예에 따라 처벌한다.

제5조(친족관계에 의한 강간 등) ① 친족관계인 사람이 폭행 또는 협박으로 사람을 강간한 경우에는 7년 이상의 유기징역에 처한다.

② 친족관계인 사람이 폭행 또는 협박으로 사람을 강제추행한 경우에는 5년 이상의 유기징역에 처한다.

③ 친족관계인 사람이 사람에 대하여 「형법」 제299조(준강간, 준강제추행)의 죄를 범한 경우에는 제1항 또는 제2항의 예에 따라 처벌한다.

④ 제1항부터 제3항까지의 친족의 범위는 4촌 이내의 혈족·인척과 동거하는 친족으로 한다.

⑤ 제1항부터 제3항까지의 친족은 사실상의 관계에 의한 친족을 포함한다.

제6조(장애인에 대한 강간·강제추행 등) ① 신체적인 또는 정신적인 장애가 있는 사람에 대하여 「형법」 제297조(강간)의 죄를 범한 사람은 무기징역 또는 7년 이상의 징역에 처한다.

② 신체적인 또는 정신적인 장애가 있는 사람에 대하여 폭행이나 협박으로 다음 각 호의 어느 하나에 해당하는 행위를 한 사람은 5년 이상의 유기징역에 처한다.

1. 구강·항문 등 신체(성기는 제외한다)의 내부에 성기를 넣는 행위
2. 성기·항문에 손가락 등 신체(성기는 제외한다)의 일부나 도구를 넣는 행위

③ 신체적인 또는 정신적인 장애가 있는 사람에 대하여 「형법」 제298조(강제추행)의 죄를 범한 사람은 3년 이상의 유기징역 또는 3천만원 이상 5천만원 이하의 벌금에 처한다.

④ 신체적인 또는 정신적인 장애로 항거불능 또는 항거곤란 상태에 있음을 이용하여 사람을 간음하거나 추행한 사람은 제1항부터 제3항까지의 예에 따라 처벌한다.

⑤ 위계(僞計) 또는 위력(威力)으로써 신체적인 또는 정신적인 장애가 있는 사람을 간음한 사람은 5년 이상의 유기징역에 처한다.

⑥ 위계 또는 위력으로써 신체적인 또는 정신적인 장애가 있는 사람을 추행한 사람은 1년 이상의 유기징역 또는 1천만원 이상 3천만원 이하의 벌금에 처한다.

⑦ 장애인의 보호, 교육 등을 목적으로 하는 시설의 장 또는 종사자가 보호, 감독의 대상인 장애인에 대하여 제1항부터 제6항까지의 죄를 범한 경우에는 그 죄에 정한 형의 2분의 1까지 가중한다.

제7조(13세 미만의 미성년자에 대한 강간, 강제추행 등) ① 13세 미만의 사람에 대하여 「형법」 제297조(강간)의 죄를 범한 사람은 무기징역 또는 10년 이상의 징역에 처한다.

② 13세 미만의 사람에 대하여 폭행이나 협박으로 다음 각 호의 어느 하나에 해당하는 행위를 한 사람은 7년 이상의 유기징역에 처한다.

1. 구강·항문 등 신체(성기는 제외한다)의 내부에 성기를 넣는 행위
2. 성기·항문에 손가락 등 신체(성기는 제외한다)의 일부나 도구를 넣는 행위

③ 13세 미만의 사람에 대하여 「형법」 제298조(강제추행)의 죄를 범한 사람은 5년 이상의 유기징역에 처한다.

④ 13세 미만의 사람에 대하여 「형법」 제299조(준강간, 준강제추행)의 죄를 범한 사람은 제1항부터 제3항까지의 예에 따라 처벌한다.

⑤ 위계 또는 위력으로써 13세 미만의 사람을 간음하거나 추행한 사람은 제1항부터 제3항까지의 예에 따라 처벌한다.

제8조(강간 등 상해·치상) ① 제3조제1항, 제4조, 제6조, 제7조 또는 제15조(제3조제1항, 제4조, 제6조 또는 제7조의 미수범으로 한정한다)의 죄를 범한 사람이 다른 사람을 상해하거나 상해에 이르게 한 때에는 무기징역 또는 10년 이상의 징역에 처한다.

② 제5조 또는 제15조(제5조의 미수범으로 한정한다)의 죄를 범한 사람이 다른 사람을 상해하거나 상해에 이르게 한 때에는 무기징역 또는 7년 이상의 징역에 처한다.

제9조(강간 등 살인·치사) ① 제3조부터 제7조까지, 제15조(제3조부터 제7조까지의 미수범으로 한정한다)의 죄 또는 「형법」 제297조(강간), 제297조의2(유사강간) 및 제298조(강제추행)부터 제300조(미수범)까지의 죄를 범한 사람이 다른 사람을 살해한 때에는 사형 또는 무기징역에 처한다.

② 제4조, 제5조 또는 제15조(제4조 또는 제5조의 미수범으로 한정한다)의 죄를 범한 사람이 다른 사람을 사망에 이르게 한 때에는 무기징역 또는 10년 이상의 징역에 처한다.

③ 제6조, 제7조 또는 제15조(제6조 또는 제7조의 미수범으로 한정한다)의 죄를 범한 사람이 다른 사람을 사망에 이르게 한 때에는 사형, 무기징역 또는 10년 이상의 징역에 처한다.

제10조(업무상 위력 등에 의한 추행) ① 업무, 고용이나 그 밖의 관계로 인하여 자기의 보호, 감독을 받는 사람에 대하여 위계 또는 위력으로 추행한 사람은 3년 이하의 징역 또는 1천500만원 이하의 벌금에 처한다.

② 법률에 따라 구금된 사람을 감호하는 사람이 그 사람을 추행한 때에는 5년 이하의 징역 또는 2천만원 이하의 벌금에 처한다.

제11조(공중 밀집 장소에서의 추행) 대중교통수단, 공연·집회 장소, 그 밖에 공중(公衆)이 밀집하는 장소에서 사람을 추행한 사람은 3년 이하의 징역 또는 3천만원 이하의 벌금에 처한다.

제12조(성적 목적을 위한 다중이용장소 침입행위) 자기의 성적 욕망을 만족시킬 목적으로 화장실, 목욕장·목욕실 또는 발한실(發汗室), 모유수유시설, 탈의실 등 불특정 다수가 이용하는 다중이용장소에 침입하거나 같은 장소에서 퇴거의 요구를 받고 응하지 아니하는 사람은 1년 이하의 징역 또는 1천만원 이하의 벌금에 처한다.

제13조(통신매체를 이용한 음란행위) 자기 또는 다른 사람의 성적 욕망을 유발하거나 만족시킬 목적으로 전화, 우편, 컴퓨터, 그 밖의 통신매체를 통하여 성적 수치심이나 혐오감을 일으키는 말, 음향, 글, 그림, 영상 또는 물건을 상대방에게 도달하게 한 사람은 2년 이하의 징역 또는 2천만원 이하의 벌금에 처한다.

제14조(카메라 등을 이용한 촬영) ① 카메라나 그 밖에 이와 유사한 기능을 갖춘 기계장치를 이용하여 성적 욕망 또는 수치심을 유발할 수 있는 사람의 신체를 촬영대상자의 의사에 반하여 촬영한 자는 7년 이하의 징역 또는 5천만원 이하의 벌금에 처한다.

② 제1항에 따른 촬영물 또는 복제물(복제물의 복제물을 포함한다. 이하 이 조에서 같다)을 반포·판매·임대·제공 또는 공공연하게 전시·상영(이하 "반포등"이라 한다)한 자 또는 제1항의 촬영이 촬영 당시에는 촬영대상자의 의사에 반하지 아니한 경우(자신의 신체를 직접 촬영한 경우를 포함한다)에도 사후에 그 촬영물 또는 복제물을 촬영대상자의 의사에 반하여 반포등을 한 자는 7년 이하의 징역 또는 5천만원 이하의 벌금에 처한다.

③ 영리를 목적으로 촬영대상자의 의사에 반하여 「정보통신망 이용촉진 및 정보보호 등에 관한 법률」 제2조제1항제1호의 정보통신망(이하 "정보통신망"이라 한다)을 이용하여 제2항의 죄를 범한 자는 3년 이상의 유기징역에 처한다.

④ 제1항 또는 제2항의 촬영물 또는 복제물을 소지·구입·저장 또는 시청한 자는 3년 이하의 징역 또는 3천만원 이하의 벌금에 처한다.

⑤ 상습으로 제1항부터 제3항까지의 죄를 범한 때에는 그 죄에 정한 형의 2분의 1까지 가중한다.

제14조의2(허위영상물 등의 반포등) ① 사람의 얼굴·신체 또는 음성을 대상으로 한 촬영물·영상물 또는 음성물(이하 이 조에서 "영상물등"이라 한다)을 영상물등의 대상자의 의사에 반하여 성적 욕망 또는 수치심을 유발할 수 있는 형태로 편집·합성 또는 가공(이하 이 조에서 "편집등"이라 한다)한 자는 7년 이하의 징역 또는 5천만원 이하의 벌금에 처한다.

② 제1항에 따른 편집물·합성물·가공물(이하 이 조에서 "편집물등"이라 한다) 또는 복제물(복제물의 복제물을 포함한다. 이하 이 조에서 같다)을 반포등을 한 자 또는 제1항의 편집등을 할 당시에는 영상물등의 대상자의 의사에 반하지 아니한 경우에도 사후에 그 편집물등 또는 복제물을 영상물등의 대상자의 의사에 반하여 반포등을 한 자는 7년 이하의 징역 또는 5천만원 이하의 벌금에 처한다.

③ 영리를 목적으로 영상물등의 대상자의 의사에 반하여 정보통신망을 이용하여 제2항의 죄를 범한 자는 3년 이상의 유기징역에 처한다.

④ 제1항 또는 제2항의 편집물등 또는 복제물을 소지·구입·저장 또는 시청한 자는 3년 이하의 징역 또는 3천만원 이하의 벌금에 처한다.

⑤ 상습으로 제1항부터 제3항까지의 죄를 범한 때에는 그 죄에 정한 형의 2분의 1까지 가중한다.

제14조의3(촬영물과 편집물 등을 이용한 협박·강요) ① 성적 욕망 또는 수치심을 유발할 수 있는 촬영물 또는 복제물(복제물의 복제물을 포함한다), 제14조의2제2항에 따른 편집물 등 또는 복제물(복제물의 복제물을 포함한다)을 이용하여 사람을 협박한 자는 1년 이상의 유기징역에 처한다.

② 제1항에 따른 협박으로 사람의 권리행사를 방해하거나 의무 없는 일을 하게 한 자는 3년 이상의 유기징역에 처한다.

③ 상습으로 제1항 및 제2항의 죄를 범한 경우에는 그 죄에 정한 형의 2분의 1까지 가중한다.

제15조(미수범) 제3조부터 제9조까지, 제14조, 제14조의2 및 제14조의3의 미수범은 처벌한다.

○ 형법(성폭력처벌법 제2조 관련)

제242조(음행매개) 영리의 목적으로 사람을 매개하여 간음하게 한 자는 3년 이하의 징역 또는 1천500만원 이하의 벌금에 처한다.

제243조(음화반포 등) 음란한 문서, 도화, 필름 기타 물건을 반포, 판매 또는 임대하거나 공연히 전시 또는 상영한 자는 1년 이하의 징역 또는 500만원 이하의 벌금에 처한다.

제244조(음화제조 등) 제243조의 행위에 공할 목적으로 음란한 물건을 제조, 소지, 수입 또는 수출한 자는 1년 이하의 징역 또는 500만원 이하의 벌금에 처한다.

제245조(공연음란) 공연히 음란한 행위를 한 자는 1년 이하의 징역, 500만원 이하의 벌금, 구류 또는 과료에 처한다.

제288조(추행 등 목적 약취, 유인 등) ① 추행, 간음, 결혼 또는 영리의 목적으로 사람을 약취 또는 유인한 사람은 1년 이상 10년 이하의 징역에 처한다.
② 노동력 착취, 성매매와 성적 착취, 장기적출을 목적으로 사람을 약취 또는 유인한 사람은 2년 이상 15년 이하의 징역에 처한다.
③ 국외에 이송할 목적으로 사람을 약취 또는 유인하거나 약취 또는 유인된 사람을 국외에 이송한 사람도 제2항과 동일한 형으로 처벌한다.

제289조(인신매매) ① 사람을 매매한 사람은 7년 이하의 징역에 처한다.
② 추행, 간음, 결혼 또는 영리의 목적으로 사람을 매매한 사람은 1년 이상 10년 이하의 징역에 처한다.
③ 노동력 착취, 성매매와 성적 착취, 장기적출을 목적으로 사람을 매매한 사람은 2년 이상 15년 이하의 징역에 처한다.
④ 국외에 이송할 목적으로 사람을 매매하거나 매매된 사람을 국외로 이송한 사람도 제3항과 동일한 형으로 처벌한다.

제297조(강간) 폭행 또는 협박으로 사람을 강간한 자는 3년 이상의 유기징역에 처한다.

제297조의2(유사강간) 폭행 또는 협박으로 사람에 대하여 구강, 항문 등 신체(성기는 제외한다)의 내부에 성기를 넣거나 성기, 항문에 손가락 등 신체(성기는 제외한다)의 일부 또는 도구를 넣는 행위를 한 사람은 2년 이상의 유기징역에 처한다.

제298조(강제추행) 폭행 또는 협박으로 사람에 대하여 추행을 한 자는 10년 이하의 징역 또는 1천500만원 이하의 벌금에 처한다.

제299조(준강간, 준강제추행) 사람의 심신상실 또는 항거불능의 상태를 이용하여 간음 또는 추행을 한 자는 제297조, 제297조의2 및 제298조의 예에 의한다.

제301조(강간 등 상해·치상) 제297조, 제297조의2 및 제298조부터 제300조까지의 죄를 범한 자가 사람을 상해하거나 상해에 이르게 한 때에는 무기 또는 5년 이상의 징역에 처한다.

제301조의2(강간등 살인·치사) 제297조, 제297조의2 및 제298조부터 제300조까지의 죄를 범한 자가 사람을 살해한 때에는 사형 또는 무기징역에 처한다. 사망에 이르게 한 때에는 무기 또는 10년 이상의 징역에 처한다.

제302조(미성년자 등에 대한 간음) 미성년자 또는 심신미약자에 대하여 위계 또는 위력으로써 간음 또는 추행을 한 자는 5년 이하의 징역에 처한다.

제303조(업무상위력 등에 의한 간음) ①업무, 고용 기타 관계로 인하여 자기의 보호 또는 감독을 받는 사람에 대하여 위계 또는 위력으로써 간음한 자는 7년 이하의 징역 또는 3천만원 이하의 벌금에 처한다.
② 법률에 의하여 구금된 사람을 감호하는 자가 그 사람을 간음한 때에는 10년 이하의 징역에 처한다

제305조(미성년자에 대한 간음, 추행) ① 13세 미만의 사람에 대하여 간음 또는 추행을 한 자는 제297조, 제297조의2, 제298조, 제301조 또는 제301조의2의 예에 의한다.
② 13세 이상 16세 미만의 사람에 대하여 간음 또는 추행을 한 19세 이상의 자는 제297조, 제297조의2, 제298조, 제301조 또는 제301조의2의 예에 의한다.

2) 성폭력 예시

○ 강간, 유사강간, 강제추행, 준강간, 준강제추행 등 외 성적목적 다중침입장소, 통신매체이용음란죄, 카메라이용 촬영, 반포, 허위영상물 편집, 반포 등이 해당되며, 「공공부문 성희롱·성폭력 사건처리 매뉴얼」을 참고바람

– 아래는 주요 디지털성범죄의 예시임

유형	성격	적용법률	예
촬영	· 설치형/직접 촬영형 · 자신 또는 타인의 신체를 그 의사에 반하여 촬영 · 유포로 이어질 가능성이 큼	「성폭력처벌법」 제14조제1항	· 직장 내 탈의실에 초소형 몰래카메라를 설치하여 촬영 · 성행위 장면을 동의 없이 촬영
촬영물 유포 및 재유포	· 성적 촬영물 유포/ 재유포 · 촬영 시 동의 여부와 관계없이 유포 시 촬영 당사자의 동의 없이 정보통신망을 이용하여 유포/재유포 ※ 유포자가 직접 촬영대상의 동의를 받고 촬영한 촬영물, 촬영대상자가 스스로 촬영한 촬영물 등과 같이 촬영 당시 촬영대상자의 의사에 반하지 않으면 각각 촬영죄는 미성립 하더라도 동의없이 유포시 유포죄는 성립 가능	「성폭력처벌법」 제14조제2항, 제3항, 제5항	· 연인 등 관계에서 동의 하에 촬영한 성적인 영상물(성관계, 자위, 누드 등)을 동의 없이 유포 · 몰래카메라 등 동의 없이 촬영한 성적인 영상물을 유포
허위 영상물 (합성·편집)	대상자의 의사에 반하여 얼굴, 신체 또는 음성을 대상으로 한 촬영물 등을 성적 욕망 또는 수치심을 유발할 수 있는 형태로 편집, 합성, 가공 및 유포	「성폭력처벌법」 제14조의2	· 딥페이크, 지인능욕 등
성적 촬영물 이용 협박·강요	· 괴롭힘 등의 목적을 이루기 위해 성적 촬영물을 유포하겠다고 협박 · 성적 촬영물을 이용한 협박으로 상대방에게 의무없는 일을 하도록 강요	「성폭력처벌법」 제14조의3	· 성행위 촬영물을 유포하겠다는 협박 · 연인 간 이별시, 이별 후 다른 연인을 만날 때, 혹은 다른 여인과 결별 후 협박 · 채팅 어플리케이션을 통해 성행위 촬영물을 주고받은 후 다른 촬영물을 보내지 않으면 유포하겠다고 협박, 더 나아가 이를 통해 다른 촬영물을 취득
소비	· 피해자 의사에 반하여 촬영·유포된 성적 촬영물을 소지·구입·저장·시청 등의 방식으로 소비	「성폭력처벌법」 제14조제4항	· 반포된 불법 성적 촬영물 소지 처벌
디지털 공간 내 성적 괴롭힘	· 인터넷 사이버공간 또는 디지털 기기 및 정보통신기술을 사용한 공간에서의 성적 괴롭힘	「성폭력처벌법」 제13조	· 원하지 않는 성적 언어희롱과 음담패설 및 이미지 전송 · 게임 내 성희롱 · 단톡방 내 성희롱

2. 공공기관 감사 시 성희롱·성폭력 방지조치 관련 사항 점검

1) 공공기관 감사 시 '성희롱·성폭력 방지조치 관련 사항' 점검항목

○ 공공기관은 성희롱·성폭력 방지를 위하여 「양성평등기본법」과 「성폭력방지 및 피해자보호 등에 관한 법률」에서 정한 바에 따라 성희롱·성폭력 방지조치를 하여야 하며(「양성평등기본법 시행령」 제20조 제1항), 그 결과를 매년 2월 말일까지 성평등가족부장관에게 제출하여야 한다(「양성평등기본법 시행령」 제20조 제2항).

○ 성평등가족부는 성희롱·성폭력 방지조치의 점검결과 방지조치가 부실하다고 인정되는 기관에 대하여 관리자에게 특별교육을 실시하고 부진기관의 명단을 언론에 공표하는 등의 방식으로 각 기관의 성희롱·성폭력 방지조치 시행을 독려하고 있으나(「양성평등기본법 시행령」 제3조, 제4조), 성희롱·성폭력 방지조치가 보다 철저히 지켜질 수 있도록 공공기관 감사 시 성희롱 방지조치 관련 사항을 점검하도록 한다.

○ 상급기관이 공공기관을 감사 시 점검해야 하는 성희롱·성폭력 방지조치의 내용은 다음과 같다.

〈공공기관 감사 시 점검해야 할 성희롱·성폭력 방지조치 내용〉

분류	성희롱·성폭력 방지조치의 내용
연간 추진계획	예방교육 등 성희롱·성폭력 방지조치에 관한 연간 추진계획 수립
성희롱·성폭력 예방교육 실시	국가기관 등에 소속된 사람을 대상으로 매년 1회 이상, 1시간 이상의 성희롱·성폭력 예방교육 실시(신규 임용된 사람에 대해서는 임용된 날부터 2개월 이내에 교육을 실시)
고충상담 및 처리 시스템	성희롱·성폭력 관련 상담 및 고충 처리를 위한 공식 창구 마련 성희롱·성폭력 고충담당자 지정 법령에서 정한 사항이 포함된 성희롱·성폭력 예방지침 마련
재발방지대책	성희롱·성폭력 사건 발생 시 재발방지대책의 수립·시행
기타	그 밖에 해당 기관의 성희롱·성폭력 방지를 위하여 필요한 조치

2) 점검 전 사전준비

○ 공공기관은 성희롱 등 폭력예방교육과 성희롱방지조치 실적을 '예방교육통합관리시스템(https://shp.mogef.go.kr)'에 입력·제출하도록 되어 있는 바, 공공기관 감사를 실시하기 전 예방교육통합관리시스템에 접속하여 성희롱예방교육 및 방지조치 실적을 조회하여 확인하도록 한다.

- 상급기관이 소속 공공기관에 대해 감사를 실시할 경우에는 '소속기관 실적관리'를 조회하여, 소속 및 산하기관에 대한 기관 정보와 성희롱·성폭력 예방교육 등 교육 유형별 추진실적 평가점수, 성희롱 방지조치 실적 입력여부, 세부 항목 등을 조회할 수 있다.

〈 예방교육통합관리시스템 상의 소속 공공기관 실적조회 〉

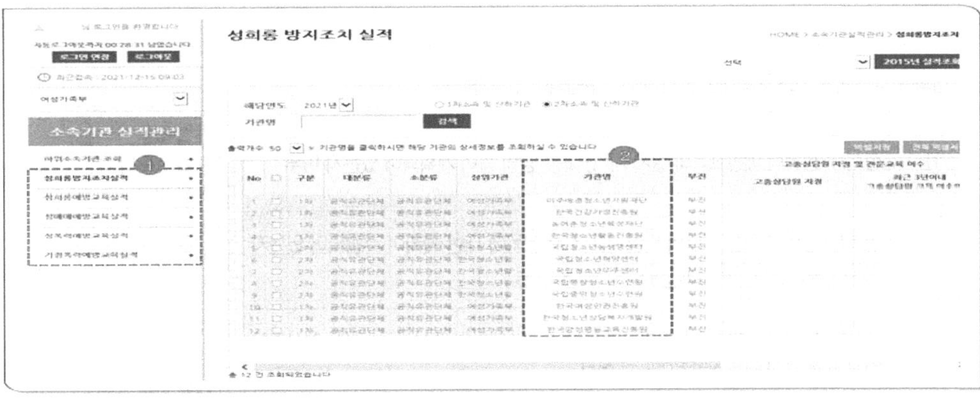

○ 실제 감사를 실시할 때에는 실제 증빙자료와 대조하여 예방교육통합관리시스템 상의 공공기관의 성희롱 방지조치 관련 정보가 허위 제출되었는지, 제출되지 않은 사항은 없는지 등을 확인함으로써 효과적인 점검이 가능하다.

○ 점검을 위해 준비해야 하는 자료

- 성희롱·성폭력 방지조치 연간 계획서, 통합교육 계획서, 강의계획서 등
- 교육시행 결과보고서, 교육 참석자들의 서명부 등
- 성희롱·성폭력 예방지침, 고충처리 매뉴얼 등
- 재발방지대책의 수립(안) 등

관련 근거 법률 등

o 「양성평등기본법 시행규칙」 제2조(성희롱 예방교육 등 관련 자료의 작성 및 관리)
① 「양성평등기본법」 제3조제2호에 따른 국가기관등(이하 "국가기관등"이라 한다)의 장은 같은 법 시행령(이하 "영"이라 한다) 제20조제1항1호에 따라 성희롱 예방교육을 실시한 경우에는 교육일시, 교육방법, 교육내용 및 교육을 받은 사람의 인적사항 등 교육 관련 자료를 작성·관리하여야 한다.
② 국가기관등의 장은 성희롱 관련 상담 및 고충 처리의 조치를 한 경우에는 사건 접수 및 처리 내용 등 관련 자료를 작성·관리하여야 한다.

3) 항목별 세부 점검사항 및 조치

■ 점검항목 1. 성희롱·성폭력 방지조치에 대한 연간계획 수립여부

〈 공공기관 감사 시 점검사항 체크리스트_연간계획 수립여부 〉

점검항목		점검결과
1. 성희롱·성폭력 방지조치에 대한 연간계획이 수립되어 있는가		
1)	성희롱·성폭력 예방교육의 실시 시기·내용·방법 등이 계획되어 있는지 여부	□ 계획 있음 □ 계획 있으나 내용 미비 □ 계획 없음
2)	성희롱·성폭력 예방교육 외 다른 방지조치 항목에 대한 계획이 수립되어 있는지 여부(고충상담원 교육, 고충심의위원회 운영 등)	□ 계획 있음 □ 계획 있으나 내용 미비 □ 계획 없음
3)	예산이 소요되는 항목(강사초빙, 위탁교육 등)에 대하여 예산과목, 금액, 예산조달 방법 등을 포함하여 수립하였는지 여부	□ 계획 있음 □ 계획 있으나 내용 미비 □ 계획 없음

【점검사항】

○ 성희롱·성폭력 예방교육의 실시시기·내용·방법이 정해져 있으며, 성희롱예방교육과 성폭력 예방교육이 각각 연1회, 1시간씩 계획되어 있는지 점검
  - 유형별 폭력예방교육을 통합하여 실시하는 것으로 계획을 수립한 경우에는 통합교육의 필요성, 교육내용, 시간, 교육방법 등이 정해져 있는지, 오프라인 교육의 경우 강사와 사전협의 후 강의계획서가 작성되었는지 확인

○ 기타 성희롱 방지조치 항목(성희롱 고충상담원 교육, 성희롱 고충심의위원회 운영 등)에 대한 계획이 수립되어 있는지 점검
  ※ 공공기관은 교육신청, 여비지급 등 고충상담원의 전문교육 이수에 필요한 조치를 계획에 반영해야 함

○ 예산이 소요되는 항목(강사초빙, 위탁교육 등)에 대하여 예산과목, 금액, 예산 조달 방법 등이 정해져 있는지 점검

【조치사항】

☞ 수립된 계획의 내용이 미비하거나 일부 항목이 누락된 경우에는 보완하여 계획을 다시 수립하여 제출

☞ 계획이 수립되어 있지 않은 경우에는 계획을 수립하여 제출

■ 점검항목 2. 성희롱·성폭력 예방교육 실시여부 점검

〈 공공기관 감사 시 점검사항 체크리스트_성희롱·성폭력 예방교육 실시 〉

점검항목		점검결과
2. 성희롱·성폭력 예방교육을 실시하였는가		
1)	성희롱·성폭력 예방교육 추진실적을 제출하지 않았거나 허위로 제출하였는지 여부	□ 실적 제출 □ 실적미제출 □ 실적 허위 제출
2)	성희롱·성폭력 예방교육 실시여부 점검 - 기관장 예방교육 참여여부 - 고위직 별도 교육 실시여부 * 다만, 종사자 100인 미만인 "공직유관단체와 대학교"는 '26년 별도 교육 의무 대상기관에서 제외 - 고위직 예방교육 실시여부 및 이수율 확인 - 직원 예방교육 실시여부 및 이수율 확인 - 비정규직 예방교육 실시여부 및 이수율 확인 - 신규직원 2개월 내 실시여부	□ 참여 □ 미참여 □ 실시 □ 일부실시 □ 미실시 □ 실시 □ 일부실시 □ 미실시 □ 실시 □ 일부실시 □ 미실시 □ 실시 □ 일부실시 □ 미실시 □ 실시 □ 일부실시 □ 미실시
3)	성희롱·성폭력 예방교육 교육내용 점검 - 법령에서 정한 교육내용이 포함되었는지 여부 - 성폭력 예방교육시 불법촬영 등 신종범죄 포함여부	□ 반영 □ 일부반영 □ 미반영 □ 반영 □ 일부반영 □ 미반영
4)	교육내용을 열람할 수 있도록 게시했는지 여부	□ 게시 □ 미게시
5)	성희롱·성폭력 예방교육 실시방법 점검 - 전문강사에 의한 교육 - 대면교육 실시여부 - 금융상품 판촉 등 영업과 연계한 무료 예방교육	□ 실시 □ 미실시 □ 실시 □ 미실시 □ 실시 □ 미실시

【점검사항】

○ 성희롱·성폭력 예방교육 추진실적을 제대로 제출하였는지 여부

- 성희롱·성폭력 예방교육 추진실적을 기간 내 「예방교육통합관리시스템(shp.mogef.go.kr)」에 입력하지 않은 경우 → 실적 미제출
- 성희롱·성폭력 예방교육 추진실적을 허위로 제출한 경우 → 실적 허위제출

○ 성희롱·성폭력 예방교육 각 연1회, 1시간 이상의 교육을 실시했는지 여부 → 1시간 미만으로 실시하였거나 전체인원이 아닌 일부 인원에 대해서만 교육이 이루어진 경우에는 교육을 일부만 실시한 것으로 간주

- 기관장 예방교육 참여여부
- 고위직 예방교육 실시여부 및 이수율

※ 고위직 분류 : 부기관장, 부기관장 외에 다음가는 부서장(예 : 부기관장, 임원 및 본부장급, 인재경영처장 등)

- 재직 중인 전 직원 예방교육 실시여부 및 이수율
- 비정규직, 인턴, 사회복무요원, 무기계약(공무직)·기간제·시간제 근로자, 용역직원, 방과 후 교사 등 직원 외 인력에게 교육기회 제공여부
- 신규 임용된 사람의 경우 임용일로부터 2개월 이내 교육 실시여부

※ 임용 전·후 신규자 관할 교육훈련기관에서 실시한 교육도 실적으로 인정

〈교육실시 인원산정 시 주의할 점〉

ㅇ **교육대상 인원은 2026년 12월 31일을 기준**으로 기관에 소속된 사람의 총 수로 계산함

※ 종전에는 1월 1일부터 12월 31일까지 재직한 모든 사람을 교육대상으로 하였으나, 인원 산정의 명확성을 위해 2017년 개정한 사항임

ㅇ 다만, 대학의 경우, 교직원 및 대학생(대학원생 포함) 이수율을 산정하기 위한 기준 인원은 **대학정보공시 기준을 준용하여 2026년 4월 1일 기준**으로 합니다.

○ 성희롱·성폭력 예방교육의 교육내용 점검

- 관계법령 상 성희롱·성폭력 예방교육 내용에 포함시켜야 하는 내용이 교육내용에 반영되어 실시되었는지 확인
- 성폭력 예방교육 시 불법촬영행위 및 불법영상물 유포행위의 위험성, 디지털 성범죄 처벌에 대한 내용 등 디지털 성범죄 예방을 위한 전반적인 내용과 친족 성폭력에 관한 내용을 포함하여 실시했는지, 성폭력·가정폭력 예방교육에 스토킹, 교제폭력 예방에 관한 내용을 포함하여 실시했는지 확인

〈 반드시 포함되어야 하는 교육내용 〉

성희롱 예방교육 포함내용 (「양성평등기본법 시행령」 제19조 제1항)	성폭력 예방교육 포함내용 (「성폭력방지 및 피해자보호 등에 관한 법률 시행령」 제2조 제3항)
1. 성희롱 예방에 관한 법령 2. 성희롱 발생 시 처리절차 및 조치기준 3. 성희롱 피해자에 대한 고충상담 및 구제절차 4. 성희롱을 한 사람에 대한 징계 등 제재조치 5. 그 밖에 성희롱 예방에 필요한 내용	1. 건전한 성의식 및 성문화의 창달에 관한 사항 2. 성인지 관점에서의 성폭력 예방에 관한 사항 3. 성폭력 방지를 위한 관련 법령의 소개 및 홍보에 관한 사항 4. 그 밖에 성에 대한 건전한 가치관 함양과 성폭력 예방에 필요한 사항

○ 성희롱·성폭력 예방교육의 내용을 구성원이 자유롭게 열람할 수 있는 장소에 갖추어 두거나 인터넷사이트에 게시하였는지 점검

○ 성희롱·성폭력 예방교육 실시방법 점검 : 전문 강사에 의한 교육, 대면교육 실시 여부, 금융상품 판촉 등 영업과 연계한 무료 예방교육 실시 여부

〈 교육실적 불인정 사례 〉

- 회의 시 훈시 등 단순 고지
- 전체 집합교육 후 불참자의 경우 전달교육(예 : 자료전달, 15분 정도 요지 전달)으로 예방교육을 갈음하는 경우
- 교육 자료를 기관 내부 게시판에 단순 게재 또는 유인물 배포
- 개인 이메일로 송부하는 경우 등 직원의 교육 참여 여부를 확인하기 곤란한 경우
- 영업 등과 연계한 무료 교육 시 교육 불인정 강화
- 금융상품 판촉 등 영업과 연계한 무료 성희롱·성폭력 예방교육 실시기관은 해당 교육 불인정 (2018년 신설) → 부진기관 지정

【조치사항】

☞ 공공기관이 실적 미제출 및 허위 제출한 경우 성평등가족부와 협조하여 '현장점검 실시' 검토 및 '성희롱 방지 조직문화 진단' 신청

☞ 성희롱·성폭력 예방교육을 실시하지 않았거나 일부만 실시한 경우 추가로 교육 실시하도록 실시계획 제출요구 및 실시 독려

☞ 성희롱·성폭력 예방교육내용 게시하지 않은 경우 게시 요구

☞ 금융상품 판촉 영업 등과 연계한 교육은 실적으로 불인정하고 부진기관으로 지정

■ 점검항목 3. 성희롱·성폭력 고충상담 및 처리 시스템 점검

〈 공공기관 감사 시 점검사항 체크리스트_고충상담 및 처리 시스템 〉

점검항목		점검결과
3. 성희롱·성폭력 고충상담 및 처리시스템을 갖추고 있는가		
1)	성희롱·성폭력 상담창구 설치 – 성희롱·성폭력 관련 고충상담창구 설치(필수) – 사이버 신고센터 설치 여부(필수)	☐ 설치 ☐ 미설치 ☐ 설치 ☐ 미설치
2)	성희롱·성폭력 고충담당자 지정 및 교육이수 – 고충상담자 지정 – 전문교육 이수	☐ 지정 ☐ 미지정 ☐ 이수 ☐ 미이수
3)	성희롱·성폭력 예방지침이 법령에서 정한 사항을 포함하여 작성되어 있는지 여부	☐ 있음(법령 내용 모두 포함) ☐ 있으나 법령 내용 일부 누락 ☐ 없음
4)	직원들이 인지하고 이용 및 참여할 수 있도록 성희롱·성폭력 예방지침이 적극 공개되어 있는지 여부	☐ 공개되어 있음 ☐ 미공개

【점검사항】

○ 성희롱·성폭력 관련 고충에 대한 상담·처리를 위하여 고충상담창구를 설치해 두었는지 점검

– 조직 내외적으로 인지할 수 있어야 하며, 기관 내 독립적인 기구로서 운영하거나 인사 또는 복무, 노조(직장협의회) 등 부서 내 설치가능(상담창구로 운영 중임을 확인 가능한 공식 문서 필요)

※ 30인 미만 근무기관도 필수적으로 고충상담창구를 설치해야 하되, "독립적 공간에의 설치" 여부만 자율적으로 선택(다만, 고충상담원이 소속되어 있는 부서 내 설치 권장)

○ 고충상담창구 뿐 아니라 기관 내 전산망을 활용한 사이버 신고센터 설치 여부 확인(필수)

※ 상시근로자 30인 미만 기관은 의무 설치 대상이 아님

○ 고충상담원 지정여부 확인
- 고충신청자와 동일한 성(性)이 고충상담을 진행할 수 있도록 남·녀 각 1인 이상을 고충상담원으로 지정(총 2인 이상 지정)
- 어느 한 성(性)이 5인 미만인 경우 남·녀 구분 없이 2인 이상 지정
- 상시근로자가 30인 미만인 경우에는 1인 이상의 고충상담원 지정 가능

○ 고충상담원 전문(심화)교육 이수여부 확인
- 고충상담원 중 3년 이내('24~'26년) 고충상담원 전문(심화)교육을 이수 했는지 확인
- 고충상담원을 신규 지정하였을 경우 3개월(불가피한 경우 6개월) 이내 고충 상담원 교육 이수했는지 확인

○ 「양성평등기본법」 및 「성폭력방지 및 피해자보호 등에 관한 법률」에 따라 '성희롱·성폭력 예방지침' 수립했는지 확인
- 법령에서 정한 내용이 모두 반영되어 있는지 확인(「양성평등기본법 시행령」 제20조제1항제5호)
- 예방지침을 직원들이 인지하고 이용 및 참여할 수 있도록 적극 공개되어 있는지 확인

〈 성희롱 예방지침에 반영되어야 하는 내용 〉
- 성희롱 관련 상담 및 고충 처리를 위한 공식 창구 운영에 관한 사항
- 성희롱 고충처리 절차 및 매뉴얼에 관한 사항
- 성희롱 행위자에 대한 징계 등 제재조치에 관한 사항
- 성희롱과 관련된 피해자에 대한 불이익조치 금지에 관한 사항
- 성희롱 관련 상담 및 고충처리와 관련된 비밀보장에 관한 사항
- 성희롱 사건 발생 시 피해자 치료 지원, 가해자에 대한 인사 조치 등을 통한 피해자의 근로권·학습권 등을 보호하기 위한 조치에 관한 사항
- 성희롱 관련 상담 및 고충처리 업무 종사자에 대한 교육·훈련 지원에 관한 사항
- 그 밖에 성희롱 예방 및 재발 방지를 위하여 필요한 사항

【조치사항】

☞ 고충상담창구가 설치되어 있지 않은 경우 설치계획 제출 요구 및 이행 점검

☞ 고충상담원 지정이 안 되어 있다면 지정할 것과 이행 점검
- 담당자가 수시 교체되지 않도록 장기 근속자 등 정규직원을 고충상담원으로 지정

☞ 고충상담원 중 3년 이내(2024~2026년) 고충상담원 전문과정 또는 심화과정 교육을 이수한 자가 없을 경우 교육을 이수할 것을 요구

※ 고충상담원 교육과정 : 한국양성평등교육진흥원의 고충상담원 전문교육과정(심화과정도 포함) 및 성평등가족부에서 승인받은 기관 자체 고충상담원 전문교육과정

■ 점검항목 4. 성희롱·성폭력 사건발생시 재발방지대책의 수립·시행

〈 공공기관 감사 시 점검사항 체크리스트_사건발생시 재발방지조치 〉

점검항목		점검결과
4. 성희롱·성폭력 사건발생 후 재발방지대책이 수립 및 시행 되었는가		
1)	성희롱·성폭력 사건 발생 후 재발방지대책을 수립하여 기한내 제출하였는지 여부	□ 제출 □ 미제출
2)	재발방지 대책에는 사건처리 경과 및 조치에 관한 사항, 성희롱·성폭력 방지조치 및 예방교육의 개선 등에 관한 사항 등 재발방지대책에 포함되어야 하는 내용들이 반영되어 있는지 확인	□ 반영되어 있음 □ 반영되어 있지 않음
3)	재발방지대책이 잘 이행되고 있는지 점검	□ 제대로 이행되고 있음 □ 제대로 이행되지 못함
4)	피해자에 대한 불이익 조치 발생여부 피해자 보호조치 이행여부	□ 발생 □ 미발생 □ 이행 □ 미이행(사유 :)

【점검사항】

○ 성희롱·성폭력 사건 발생 시 재발방지대책을 수립하여 제출하였는지 점검

- 공직유관단체의 경우 성평등가족부 및 상급기관에 동시 제출
- 사건이 발생한 사실을 안 날부터 3개월 이내 제출

○ 재발방지대책에 사건처리결과와 함께 다음의 내용이 포함되어 있는지 확인

〈 재발방지대책에 포함되어야 하는 내용 〉

1) 사건처리 경과 및 조치에 관한 사항
2) 성희롱·성폭력 방지조치 및 예방교육의 개선 등에 관한 사항
3) 2차 피해 방지에 관한 사항
4) 그 밖에 기관 내 성희롱·성폭력 사건의 재발방지를 위하여 필요한 사항

○ 수립·제출된 재발방지대책이 잘 이행되고 있는지 점검

○ 사건처리과정 또는 후에 피해자에 대한 불이익 조치 발생하였는지, 피해자에 대한 보호조치는 적절하게 이행되었는지 확인

【조치사항】

☞ 성희롱·성폭력 사건 발생 시 재발방지대책을 제출하지 않은 경우, 재발방지대책을 수립하여 제출하도록 요구

☞ 수립된 재발방지대책이 제대로 시행되지 않는 경우 그 원인을 파악하여 해결 및 대책 이행 촉구

☞ 피해자에 대한 2차 피해 등 발생 시 이에 대한 점검 및 해결방안 강구할 것 촉구

■ 공공기관 성희롱·성폭력 방지조치 점검사항 체크리스트

점검항목		점검결과
1. 성희롱·성폭력 방지조치에 대한 연간계획이 수립되어 있는가		
1)	성희롱·성폭력 예방교육의 실시 시기·내용·방법 등이 계획되어 있는지 여부	□ 계획 있음 □ 계획 있으나 내용 미비 □ 계획 없음
2)	성희롱·성폭력 예방교육 외 다른 방지조치 항목에 대한 계획이 수립되어 있는지 여부(고충상담원 교육, 고충심의위원회 운영 등)	□ 계획 있음 □ 계획 있으나 내용 미비 □ 계획 없음
3)	예산이 소요되는 항목(강사초빙, 위탁교육 등)에 대하여 예산 과목, 금액, 예산조달방법 등을 포함하여 수립하였는지 여부	□ 계획 있음 □ 계획 있으나 내용 미비 □ 계획 없음
2. 성희롱·성폭력 예방교육을 실시하였는가		
1)	성희롱·성폭력 예방교육 추진실적을 제출하지 않았거나 허위로 제출하였는지 여부	□ 실적 제출 □ 실적미제출 □ 실적 허위 제출
2)	성희롱·성폭력 예방교육 실시여부 점검 - 기관장 예방교육 참여여부 - 고위직 별도 교육 실시여부 * 다만, 종사자 100인 미만인 "공직유관단체와 대학교"는 '26년 별도 교육 의무 대상기관에서 제외 - 고위직 예방교육 실시여부 및 이수율 확인 - 직원 예방교육 실시여부 및 이수율 확인 - 비정규직 예방교육 실시여부 및 이수율 확인 - 신규직원 2개월 내 실시여부	□ 참여 □ 미참여 □ 실시 □ 일부실시 □ 미실시 □ 실시 □ 일부실시 □ 미실시 □ 실시 □ 일부실시 □ 미실시 □ 실시 □ 일부실시 □ 미실시 □ 실시 □ 일부실시 □ 미실시

	점검항목	점검결과
3)	성희롱·성폭력 예방교육 교육내용 점검 - 법령에서 정한 교육내용이 포함되었는지 여부 - 성폭력 예방교육시 불법촬영 등 신종범죄 포함여부	□ 반영 □ 일부반영 □ 미반영 □ 반영 □ 일부반영 □ 미반영
4)	교육자료를 열람할 수 있도록 게시했는지 여부	□ 게시 □ 미게시
5)	성희롱·성폭력 예방교육 실시방법 점검 - 전문강사에 의한 교육 - 대면교육 실시여부 - 금융상품 판촉 등 영업과 연계한 무료 예방교육	□ 실시 □ 미실시 □ 실시 □ 미실시 □ 실시 □ 미실시
3. 성희롱·성폭력 고충 상담 및 처리시스템을 갖추고 있는가		
1)	성희롱·성폭력 상담창구 설치 - 성희롱·성폭력 관련 고충상담창구 설치(필수) - 사이버 신고센터 설치(필수)	□ 설치 □ 미설치 □ 설치 □ 미설치
2)	성희롱·성폭력 고충상담자 지정 및 교육이수 - 고충상담자 지정 - 전문교육 이수	□ 지정 □ 미지정 □ 이수 □ 미이수
3)	성희롱·성폭력 예방지침이 법령에서 정한 사항을 포함하여 작성되어 있는지 여부	□ 있음(법령 내용 모두 포함) □ 있으나 법령 내용 일부 누락 □ 없음
4)	직원들이 인지하고 이용 및 참여할 수 있도록 성희롱·성폭력 예방지침이 적극 공개되어 있는지 여부	□ 공개되어 있음 □ 미공개
4. 성희롱·성폭력 사건발생 후 재발방지대책이 수립 및 시행 되었는가		
1)	성희롱·성폭력 사건 발생 후 재발방지대책을 수립하여 기한내 제출하였는지 여부	□ 제출 □ 미제출
2)	재발방지 대책에는 사건처리 경과 및 조치에 관한 사항, 성희롱·성폭력 방지조치 및 예방교육의 개선 등에 관한 사항 등 재발방지대책에 포함되어야 하는 내용들이 반영되어 있는지 확인	□ 반영되어 있음 □ 반영되어 있지 않음
3)	재발방지대책이 잘 이행되고 있는지 점검	□ 제대로 이행되고 있음 □ 제대로 이행되지 못함
4)	피해자에 대한 불이익 조치 발생여부 피해자 보호조치 이행여부	□ 발생 □ 미발생 □ 이행 □ 미이행(사유 :)

3. 고충상담원 역량강화 교육 계획 (서식)

□ **교육개요**

○ 교육일시

○ 교육대상

○ 교육장소

○ 교육내용

□ **세부 교육내용**

□ **교육 시간표**

4. 고충상담원 역량강화 교육 결과 (서식)

□ **교육개요**

○ 교육일시

○ 교육대상

○ 교육장소

○ 교육내용

□ **세부 교육내용**

□ **교육 시간표**

□ **교육 활동 사진**

□ **교육 만족도 결과 등**

5. 성폭력 예방계획 작성 가이드라인

※ 소속·산하 공공기관이 존재하는 중앙행정기관 및 광역자치단체만 예방계획 수립대상이며 아래 예시를 참고하여 자유롭게 작성

□ 성폭력 예방조치(예방교육 포함)에 관한 기본 방향

○ 주무부처(광역자치단체 포함) 및 소속·산하기관 내 성폭력 예방을 목적으로 함

○ 기관 내 성폭력에 대한 최종 책임은 기관의 장에게 있음을 명확히 인식하고, 기관장은 적극적으로 성폭력 예방 노력 경주

- 성폭력 예방교육 실시를 통한 기관 내 예방 인식 제고
- 성폭력 예방을 위한 자체 피해 예방지침 및 피해 발생 시 재발방지대책 수립으로 2차 피해 방지

□ 성폭력 예방조치(예방교육 포함) 추진과제 및 추진방법

○ 성폭력 예방교육 추진과제 및 추진방법

- (교육 과제) 전문강사에 의한 대면교육 실시(○회), 교육 참여를 의무화하는 내부 규정 마련 등
- (교육 성과지표)

성과지표	산출근거	목표 대비 달성률	'25년	'26년
전체 구성원 참여율		목표		
		실적		
고위직 참여율		목표		
		실적		

○ 성폭력 예방조치 추진과제 및 추진방법

- 자체 성폭력 피해 예방 및 대응 가이드라인 마련

※ 기관 내 성폭력 예방을 위해 성희롱·성폭력의 정의 및 법적 근거, 행동 지침, 발생 시 대응절차 등을 포함한 가이드라인 마련·보급

- 피해 발생 시 재발방지 대책 수립

※ 피해 발생 시 재발방지를 위한 기존 예방 조치 점검내용 및 향후 내실화 방안을 포함한 대책 수립 후 성평등가족부에 제출

- 성희롱·성폭력 고충상담원 교육 이수

※ 성희롱·성폭력 고충상담원의 역량 제고를 위해 고충상담원 전문교육 이수 안내

□ 소속·산하 공공기관의 성폭력 예방조치(예방교육 포함) 실적 점검 및 점검 결과 활용 방안

○ 소속·산하 공공기관의 실적 점검 방안

- 소속·산하 공공기관의 성폭력 예방조치(예방교육 포함) 실적을 자체적으로 점검*하고 필요시 현장점검 진행

* 예방교육통합관리시스템(https://shp.mogef.go.kr)을 통해 소속·산하기관의 실적 확인

○ 소속·산하 공공기관의 실적 점검 결과 활용 방안

- 소속·산하 공공기관 평가나 정기 감사 항목에 성폭력 예방조치(예방교육 포함) 실적 점검 결과*를 포함 하는 등 활용 계획 수립

* 종사자 참여율, 고위직 참여율 등

제6장 기관 협조사항

1 상급기관의 성희롱 방지 및 사건처리 관리·감독 강화

○ 공공기관의 성희롱 예방교육, 성희롱 사건 재발방지대책의 수립·시행 등 방지조치 결과의 보고 대상 확대(「양성평등기본법」 개정, '19.6.19.)

– 성평등가족부장관뿐만 아니라 주무부처의 장에게도 제출

○ 공공기관 내 성희롱 사건에 대한 '부·처·청'의 관리·감독 강화('18년 이후 계속)

– 공공기관의 기관장, 임원급 고위직이 성희롱 행위자인 경우, 관리·감독 권한이 있는 '주무 부·처·청 및 지방자치단체'에서 사건 처리 지휘·감독

– 공공기관 내 사건 발생 시 재발방지대책(사건처리결과 포함)을 성평등가족부 및 '주무 부·처·청, 지방자치단체'에 동시 제출 의무화

○ 성희롱·성폭력 발생 시 재발방지대책 수립·제출 철저

– 성희롱·성폭력 사건 인지 시 3개월 내에 재발방지대책을 수립하여 성평등가족부와 주무부처로 제출

※ 공직유관단체의 경우 상급 주무부·처·청 또는 지방자치단체에도 제출

– 「공공부문 직장 내 성희롱·성폭력 신고센터」 신고사건 발생기관은 사건 통보서(즉시), 조치결과 보고서(1개월 내) 및 재발방지대책(3개월 내)을 성평등가족부에 제출

○ '교육분야 성희롱·성폭력 근절대책'('18.12.21.)

– (시·도 교육청 책무성 강화) 가해 교원이 다수이거나, 관리자(교장 및 교감)에 의한 가해 등 학교 자체적인 처리가 어려운 경우, 시·도교육청 단위 사안처리 체계*를 구축하여 시·도교육청 책임하에 철저히 사안을 처리하도록 의무화

* 성희롱·성폭력 전담팀, 조사·심의위원회 구성·운영 등

2 성희롱·성폭력 고충상담원 전문성 강화

○ 고충상담원은 3년 이내(2024~2026년) 고충상담원 교육을 이수한 자를 1인 이상 포함하여 지정 운영(필수항목)

- 2026년 실적에 기관 내 고충상담원 중 1인 이상 3년 이내(2024~2026년) 고충상담원 교육을 이수한 자가 없거나, 신규 지정 후 3개월(불가피한 경우 6개월) 이내 교육 미이수시 부진기관으로 지정 예정

※ 고충상담원 교육과정 : 한국양성평등교육진흥원의 고충상담원 전문교육과정(심화과정도 포함) 및 성평등가족부에서 승인받은 기관 자체 고충상담원 전문교육과정

- 담당자가 수시 교체되지 않도록 장기 근속자 등 정규직원을 고충상담원으로 지정
- 신규 고충상담원으로만 운영되지 않도록 지정 후 1년 이상의 경력이 있는 고충상담원을 반드시 1명 이상 포함(신규기관 제외)

○ 고충상담원에 대한 지속적인 교육지원 및 인센티브 부여

- 연간 기본계획 수립 시 교육예산을 반영하여 고충상담원 교육을 이수도록 지원하고 장기 근무자에 대한 인센티브 부여 방안 마련

3 공공부문 성희롱·성폭력 사건통보 및 재발방지대책 제출 안내 (예방교육통합관리 내 사건관리시스템을 통한 제출)

○ (제출방식) 국가기관, 지자체, 공직유관단체, 대학교의 경우 예방교육통합관리시스템의 「사건관리시스템」을 통해 온라인 제출

* (국가기관, 지자체, 공직유관단체, 대학) 시스템 이용
* (각급학교 등) 성평등가족부 홈페이지 등록된 양식과 함께 공문으로 제출(성평등가족부 성폭력방지과 수신) 성평등가족부 홈페이지 - 정책정보 - 정책자료실 - 주제별 정책자료 - 인권보호

○ (관련 규정) 「성폭력방지 및 피해자보호 등에 관한 법률」 제5조의4(성폭력 사건 발생 시 조치), 제22조(시정명령), 제38조(과태료), 「양성평등기본법」 제31조의2(성희롱 사건 발생시 조치)

- 국가기관등의 장은 해당 기관에서 성희롱·성폭력 사건이 발생한 사실을 알게 된 경우 피해자의 명시적인 반대의견이 없으면 지체없이 그 사실을 성평등가족부에 통보 및 해당 사실을 안 날부터 3개월 이내에 재발방지대책 제출 필요

※ 피해자의 명시적인 반대가 있는 경우 성평등가족부에 사건발생 사실은 통보하지 않을 수 있으나, 재발방지대책은 제출하여야 함

○ 기관 내에서 성희롱·성폭력 사건이 발생하였음에도 사건 통보 및 재발방지대책 제출 의무를 누락한 사례가 있으므로 해당 기관에서는 관련 법령에 따른 의무 규정을 숙지하고 이행에 차질이 없도록 조치 필요

○ 사건 통보·재발방지대책 제출 의무 위반 시 시정명령, 과태료 부과 가능 및 기관장 사건(중앙행정기관장, 지자체장, 교육감)의 경우 1개월 이내(종전 3개월) 재발방지대책 수립·제출 의무 규정 시행 중

※ 「성폭력방지법」 제5조의4 제1항 단서, 제22조제1항 및 제38조제1항, 동법 시행령 제2조의3제2항 ('24.4.19. 시행)

〈 공공부문 성희롱·성폭력 사건처리 관련 제재조치 절차 〉

시정명령 처분에 대한 사전통지 (성평등가족부 → 발생기관)	⇒	관련 의견제출 (발생기관 → 성평등가족부)	⇒	시정명령 및 이행 확인 (성평등가족부 → 발생기관)	⇒	미이행 시 과태료 부과 (성평등가족부 → 발생기관)

폭력 예방교육 운영안내 2026

초판 인쇄 2026년 02월 10일
초판 발행 2026년 02월 14일

저　자 성평등가족부
발행인 김갑용

발행처 진한엠앤비
주소 서울시 서대문구 독립문로 14길 66 205호(냉천동 260)
전화 02) 364 - 8491(대) / 팩스 02) 319 - 3537
홈페이지주소 http://www.jinhanbook.co.kr
등록번호 제25100-2016-000019호 (등록일자 : 1993년 05월 25일)

ISBN 979-11-290-6317-5 (93330) [정가 20,000원]

☞ 본 도서는 [공공데이터 제공 및 이용 활성화에 관한 법률]을 근거로 출판되었습니다.